François-René
de Chateaubriand

Mémoires d'outre-tombe

Abrégé par Véronique Charpentier
et Marie-Hélène Sabard

Classiques abrégés
l'école des loisirs
11, rue de Sèvres, Paris 6e

ISBN : 978-2-211-08474-1

Loi numéro 49.956 du 16 juillet 1949 sur les publications
destinées à la jeunesse : janvier 2007
Dépôt légal : janvier 2007
Imprimé en France par Bussière
à Saint-Amand-Montrond
N° d'impr. : 064132/1.

PRÉFACE

C'est à Rome, en 1803, que Chateaubriand dit avoir eu «pour la première fois l'idée d'écrire les Mémoires de [sa] vie»: Pauline de Beaumont venait d'expirer dans ses bras. Cette mort d'une femme aimée, dans une ville tombeau qui sublime dans ses ruines la fin des civilisations, ne pouvait qu'inviter l'auteur du *Génie du christianisme* à dresser, à trente-cinq ans – mais il avait déjà tant vécu et tant vu mourir –, son propre tombeau littéraire.

Grand lecteur de Jean-Jacques Rousseau, l'auteur de *René* ne désirait pourtant pas écrire de nouvelles *Confessions*: il ne voulait ni s'expliquer, ni se justifier. La grande tradition des mémoires aristocratiques lui enjoignait de garder le secret sur son intimité, et encore davantage de protéger celle de ses proches. Imaginés en 1803, médités et esquissés dans les années 1807 à 1811, date officielle de leur commencement, achevés solennellement en 1841, souvent repris, augmentés, recomposés, les *Mémoires de ma vie* sont devenus en 1832 *Mémoires d'outre-tombe*, temple majestueux voué au souvenir, souvenir des êtres aimés, des temps disparus, des rêves et des illusions, des errances d'un monde à l'autre, des cavalcades épiques ou sanglantes de l'histoire…

Ces *Mémoires d'outre-tombe* sont justement beaucoup moins une autobiographie qu'un livre d'histoire. Si leur auteur avoue s'être «plu davantage» aux «récits» de «[son] enfance, de [sa] jeunesse, de [ses] voyages», il a aussi compris pendant toutes ces années, de la fin de l'Ancien Régime à la monarchie de Juillet, que, dans les soubresauts d'un régime politique à l'autre, naissait la France moderne. Trempant tour à tour sa plume dans le lyrisme romantique, l'exactitude de la documentation historique, la vérité du témoignage, il fait éprouver à son lecteur les retentissements terribles de l'histoire sur une vie d'homme.

Gardant le souci aristocratique de la réserve, il voulait que ses *Mémoires* fussent publiés d'«outre-tombe», cinquante ans après sa mort. Mais les soucis d'argent d'un cadet de famille privé d'héritage le contraignent, en 1844, à accepter de les voir paraître en feuilleton, dans ces journaux pour la liberté desquels il a tant lutté.

Le fil chronologique qui structure cet abrégé retient avant tout la mémoire d'une vie et les moments historiques dont Chateaubriand a été témoin, respectant ainsi le découpage en «carrières» voulu par l'auteur. Des livres ont été regroupés, certains retranchés; on a en revanche rétabli des chapitres du livre sur Mme Récamier que Chateaubriand avait, à la fin de sa vie, retirés. Les titres sont choisis parmi ceux qu'il a lui-même imaginés. On a gardé la trace des préfaces et quelques-unes des différentes dates de reprise du manuscrit, qui font sentir le passage du temps.

Dans cette fugacité à jamais inscrite pour la postérité se lit le sentiment de la modernité, et les *Mémoires* frappent encore par leur ferveur dans la défense des libertés autant que par l'actualité des considérations sur l'Amérique, l'Orient, le progrès d'une civilisation, l'avenir d'une « société universelle ».

Mais les *Mémoires d'outre-tombe* sont avant tout le livre d'une vie bien remplie, vécue et écrite par un homme qui l'adorait…

VÉRONIQUE CHARPENTIER

AVANT-PROPOS

Paris, le 14 avril 1846.
Revu le 28 juillet 1846.

Comme il m'est impossible de prévoir le moment de ma fin, comme à mon âge les jours accordés à l'homme ne sont que des jours de grâce ou plutôt de rigueur, je vais m'expliquer. Le 4 septembre prochain, j'aurai atteint ma soixante-dix-huitième année : il est bien temps que je quitte un monde qui me quitte et que je ne regrette pas.

Les *Mémoires* à la tête desquels on lira cet avant-propos, suivent, dans leurs divisions, les divisions naturelles de mes carrières. La triste nécessité qui m'a toujours tenu le pied sur la gorge, m'a forcé de vendre mes *Mémoires*. Personne ne peut savoir ce que j'ai souffert d'avoir été obligé d'hypothéquer ma tombe. Par un attachement peut-être pusillanime, je regardais ces *Mémoires* comme des confidents dont je ne m'aurais pas voulu séparer.

Ces *Mémoires* ont été composés à différentes dates et en différents pays. De là, des prologues obligés qui peignent les lieux que j'avais sous les yeux, les sentiments qui m'occupaient au moment où se renoue le fil de ma narration. Les formes changeantes de ma vie sont ainsi entrées les unes dans les autres : il m'est arrivé que, dans mes instants de prospérité, j'ai eu à parler de mes temps de misère ; dans mes jours de tribulation, à retracer mes jours de bonheur. Ma jeunesse pénétrant dans ma vieillesse, la gravité de mes années d'expérience attristant mes années légères, les rayons de mon soleil, depuis son aurore jusqu'à son couchant, se croisant et se confondant, ont produit dans mes récits une sorte de confusion, ou, si l'on veut, une sorte d'unité indéfinissable ; mon berceau a de ma tombe, ma tombe a de mon berceau : mes souffrances deviennent des plaisirs, mes plaisirs des douleurs, et je ne sais plus, en achevant de lire ces *Mémoires*, s'ils sont d'une tête brune ou chenue.

J'ignore si ce mélange, auquel je ne puis apporter remède, plaira ou déplaira ; il est le fruit des inconstances de mon sort : les tempêtes ne m'ont laissé souvent de table pour écrire que l'écueil de mon naufrage. On m'a pressé de faire paraître de mon vivant quelques morceaux de ces *Mémoires* ; je préfère parler du fond de mon cercueil ; ma narration sera alors accompagnée de ces voix qui ont quelque chose de sacré, parce qu'elles sortent du sépulcre. Si j'ai assez souffert en ce monde pour être dans l'autre une ombre heureuse, un rayon échappé des champs Élysées répandra sur mes derniers tableaux une lumière protectrice : la vie me sied mal ; la mort m'ira peut-être mieux.

PREMIÈRE PARTIE

MA JEUNESSE.
MA CARRIÈRE DE SOLDAT
ET DE VOYAGEUR

La Vallée-aux-Loups. – Ma famille : monsieur mon père. – Je viens au monde. – La Villeneuve. – Lucile. – Mlles Couppart. – Mauvais écolier que je suis. – Gesril. – Hervine Magon

La Vallée-aux-Loups, près d'Aulnay,
ce 4 octobre 1811.

Il y a quatre ans qu'à mon retour de la Terre sainte, j'achetai près du hameau d'Aulnay, dans le voisinage de Sceaux et de Châtenay, une maison de jardinier, cachée parmi les collines couvertes de bois. Le terrain inégal et sablonneux dépendant de cette maison n'était qu'un verger sauvage au bout duquel se trouvait une ravine et un taillis de châtaigniers. Cet étroit espace me parut propre à renfermer mes longues espérances. Les arbres que j'y ai plantés prospèrent, ils sont encore si petits que je leur donne de l'ombre quand je me place entre eux et le soleil. Un jour, en me rendant cette ombre, ils protégeront mes vieux ans comme j'ai protégé leur jeunesse. Je les ai choisis autant que je l'ai pu des divers climats où j'ai erré, ils rappellent mes voyages et nourrissent au fond de mon cœur d'autres illusions. Ce lieu me plaît ; il a remplacé pour moi les champs paternels ; je l'ai payé du produit de mes rêves et de mes veilles ; c'est au grand désert d'Atala que je dois le petit désert d'Aulnay. Ici, j'ai écrit les *Martyrs*, les *Abencérages*, l'*Itinéraire* et *Moïse* ; que ferai-je maintenant dans les soirées de cet automne ? Ce 4 octobre 1811, anniversaire de ma fête et de mon entrée à Jérusalem, me tente à commencer l'histoire de ma vie : ces *Mémoires* seront un temple de la mort élevé à la clarté de mes souvenirs.

Je suis né gentilhomme. Selon moi, j'ai profité du hasard de mon berceau, j'ai gardé cet amour plus ferme de la liberté qui appartient principalement à l'aristocratie dont la dernière heure est sonnée. Je ne me glorifie ni ne me plains de l'ancienne ou de la nouvelle société. Si, dans la première, j'étais le chevalier ou le vicomte de Chateaubriand, dans la seconde je suis François de Chateaubriand ; je préfère mon nom à mon titre.

Une seule passion dominait mon père, celle de son nom. Avare dans l'espoir de rendre à sa famille son premier éclat, hautain aux états de Bretagne avec les gentilshommes, dur avec ses vassaux à Combourg, taciturne, despotique et menaçant dans son intérieur, ce qu'on sentait en le voyant était la crainte. Il épousa à trente-cinq ans Apolline-Jeanne-Suzanne de Bedée. Il s'établit avec elle à Saint-Malo, dont l'un et l'autre étaient nés à sept ou huit lieues, de sorte qu'ils apercevaient de leur demeure l'horizon sous lequel ils étaient venus au monde.

Ma mère, douée de beaucoup d'esprit et d'une

imagination prodigieuse, avait été formée à la lecture de Fénelon, de Racine, de Mme de Sévigné, et nourrie des anecdotes de la cour de Louis XIV. Apolline de Bedée, avec de grands traits, était noire, petite et laide; l'élégance de ses manières, l'allure vive de son humeur, contrastaient avec la rigidité et le calme de mon père. Aimant la société autant qu'il aimait la solitude, aussi pétulante et animée qu'il était immobile et froid, elle n'avait pas un goût qui ne fût opposé à ceux de son mari.

Ma mère accoucha à Saint-Malo d'un premier garçon qui mourut au berceau. Ce fils fut suivi d'un autre et de deux filles qui ne vécurent que quelques mois. Ces quatre enfants périrent d'un épanchement de sang au cerveau. Enfin, ma mère mit au monde un troisième garçon qu'on appela Jean-Baptiste. Après Jean-Baptiste naquirent quatre filles: Marie-Anne, Bénigne, Julie et Lucile, toutes quatre d'une rare beauté, et dont les deux aînées ont seules survécu aux orages de la Révolution. Je fus le dernier de ces dix enfants. Il est probable que mes quatre sœurs durent leur existence au désir de mon père d'avoir son nom assuré par l'arrivée d'un second garçon; je résistais, j'avais aversion pour la vie. Voici mon extrait de baptême:

«*François-René de Chateaubriand, fils de René de Chateaubriand et de Pauline-Jeanne-Suzanne de Bedée, son épouse, né le 4 septembre 1768, baptisé le jour suivant par nous, Pierre-Henry Nouail, grand vicaire de l'évêque de Saint-Malo. A été parrain Jean-Baptiste de Chateaubriand, son frère, et marraine Françoise-Gertrude de Contades.»*

La maison qu'habitaient alors mes parents est située dans une rue sombre et étroite de Saint-Malo, appelée la rue des Juifs. La chambre où ma mère accoucha domine une partie déserte des murs de la ville, et à travers les fenêtres de cette chambre on aperçoit une mer qui s'étend à perte de vue, en se brisant sur des écueils. J'étais presque mort quand je vins au jour. Le mugissement des vagues, soulevées par une bourrasque annonçant l'équinoxe d'automne, empêchait d'entendre mes cris: on m'a souvent conté ces détails; leur tristesse ne s'est jamais effacée de ma mémoire. Il n'y a pas de jour où, rêvant à ce que j'ai été, je ne revoie en pensée le rocher sur lequel je suis né, la chambre où ma mère m'infligea la vie, la tempête dont le bruit berça mon premier sommeil, le frère infortuné qui me donna un nom que j'ai presque toujours traîné dans le malheur. Le ciel sembla réunir ces diverses circonstances pour placer dans mon berceau une image de mes destinées. En sortant du sein de ma mère, je subis mon premier exil; on me relégua à Plancouët, joli village situé entre Dinan, Saint-Malo et Lamballe.

Ma nourrice se trouva stérile; une autre pauvre chrétienne me prit à son sein. Elle me voua à la patronne du hameau, Notre-Dame de Nazareth, et lui promit que je porterais en son honneur, le bleu et le blanc jusqu'à l'âge de sept ans. Je n'avais vécu que quelques heures, et la pesanteur du temps était déjà marquée sur mon front. Que ne me laissait-on mourir ?

Au bout de trois ans on me ramena à Saint-Malo ; il y en avait déjà sept que mon père avait recouvré la terre de Combourg. Il désirait rentrer dans les biens où ses ancêtres avaient passé ; plusieurs branches de ma famille l'avaient possédée. Quand je fus rapporté à Saint-Malo, mon père était à Combourg, mon frère au collège de Saint-Brieuc, mes quatre sœurs vivaient auprès de ma mère.

Toutes les affections de celle-ci s'étaient concentrées dans son fils aîné. Ma mère d'ailleurs, pleine d'esprit et de vertu, était préoccupée par les soins de la société et les devoirs de la religion. Elle aimait la politique, le bruit, le monde : car on faisait de la politique à Saint-Malo. Elle rapportait chez elle une humeur grondeuse, une imagination distraite, un esprit de parcimonie, qui nous empêchèrent d'abord de reconnaître ses admirables qualités. Avec de l'ordre, ses enfants étaient tenus sans ordre ; avec de la générosité, elle avait l'apparence de l'avarice ; avec de la douceur d'âme, elle grondait toujours : mon père était la terreur des domestiques, ma mère le fléau.

De ce caractère de mes parents sont nés les premiers sentiments de ma vie. Je m'attachai à la femme qui prit soin de moi, excellente créature appelée *la Villeneuve*, dont j'écris le nom avec un mouvement de reconnaissance et les larmes aux yeux. La Villeneuve était une espèce de surintendante de la maison, me portant dans ses bras, me donnant, à la dérobée, tout ce qu'elle pouvait trouver, essuyant mes pleurs, m'embrassant, me jetant dans un coin, me reprenant et marmottant toujours : « C'est celui-là, qui ne sera pas fier ! qui a bon cœur ! qui ne rebute point les pauvres gens ! Tiens, petit garçon » ; et elle me bourrait de vin et de sucre.

Mes sympathies d'enfant pour la Villeneuve furent bientôt dominées par une amitié plus digne.

Lucile, la quatrième de mes sœurs, avait deux ans de plus que moi. Cadette délaissée, sa parure ne se composait que de la dépouille de ses sœurs. Qu'on se figure une petite fille maigre, trop grande pour son âge, bras dégingandés, air timide, parlant avec difficulté et ne pouvant rien apprendre ; qu'on lui mette une robe empruntée à une autre taille que la sienne ; renfermez sa poitrine dans un corps piqué dont les pointes lui faisaient des plaies aux côtés ; soutenez son cou par un collier de fer garni de velours brun ; retroussez ses cheveux sur le haut de sa tête, rattachez-les avec une toque d'étoffe noire ; et vous verrez la misérable créature qui me frappa en rentrant sous le toit paternel. Personne n'aurait soupçonné dans la chétive Lucile, les talents et la beauté qui devaient un jour briller en elle.

Elle me fut livrée comme un jouet, je n'abusai point de mon pouvoir ; au lieu de la soumettre à mes volontés, je devins son défenseur. On me conduisait tous les matins avec elle chez les sœurs Couppart, deux vieilles bossues habillées de noir, qui montraient à lire aux enfants. Lucile lisait fort mal ; je lisais encore plus mal. On la grondait ; je griffais les sœurs : grandes plaintes portées à ma mère. Je commençais à passer pour un vaurien, un révolté, un paresseux, un âne enfin. Ces idées entraient dans la tête de mes parents : mon père disait que tous les chevaliers de Chateaubriand avaient été des fouetteurs de lièvres, des ivrognes et des querelleurs. Ma mère soupirait et grognait en voyant le désordre de ma jaquette. Tout enfant que j'étais, le propos de mon père me révoltait ; quand ma mère couronnait ses remontrances par l'éloge de mon frère qu'elle appelait un Caton, un héros, je me sentais disposé à faire tout le mal qu'on semblait attendre de moi.

Mon sort étant irrévocablement fixé, on me livra à une enfance oisive. Quelques notions de dessin, de langue anglaise, d'hydrographie et de mathématiques, parurent plus que suffisantes à l'éducation d'un garçonnet destiné d'avance à la rude vie d'un marin.

Je croissais sans étude dans ma famille ; nous n'habitions plus la maison où j'étais né : ma mère occupait un hôtel, place Saint-Vincent. Les polissons de la ville étaient devenus mes plus chers amis : j'en remplissais la cour et les escaliers de la maison. Je leur ressemblais en tout ; je parlais leur langage ;

j'avais leur façon et leur allure ; j'étais vêtu comme eux, déboutonné et débraillé comme eux ; mes chemises tombaient en loques ; je n'avais jamais une paire de bas qui ne fût largement trouée ; je traînais de méchants souliers éculés, qui sortaient à chaque pas de mes pieds ; je perdais souvent mon chapeau et quelquefois mon habit. J'avais le visage barbouillé, égratigné, meurtri, les mains noires. Ma figure était si étrange, que ma mère, au milieu de sa colère, ne se pouvait empêcher de rire et de s'écrier : « Qu'il est laid ! »

J'aimais pourtant et j'ai toujours aimé la propreté, même l'élégance. La nuit, j'essayais de raccommoder mes lambeaux ; la bonne Villeneuve et ma Lucile m'aidaient à réparer ma toilette, afin de m'épargner des pénitences et des gronderies ; mais leur rapiécetage ne servait qu'à rendre mon accoutrement plus bizarre.

Au second étage de l'hôtel que nous habitions, demeurait un gentilhomme nommé Gesril : il avait un fils et deux filles. Ce fils était élevé autrement que moi ; enfant gâté, ce qu'il faisait était trouvé charmant : il ne se plaisait qu'à se battre, et surtout qu'à exciter des querelles dont il s'établissait le juge. Jouant des tours perfides aux bonnes qui menaient promener les enfants, il n'était bruit que de ses espiègleries que l'on transformait en crimes noirs. Le père riait de tout, et *Joson* n'en était que plus chéri. Gesril devint mon intime ami et prit sur moi un ascendant incroyable : je profitai sous un tel maître, quoique mon caractère fût entièrement l'opposé du sien. J'aimais les jeux solitaires, je ne cherchais querelle à personne : Gesril était fou des plaisirs de cohue et jubilait au milieu des bagarres d'enfants. Quand quelque polisson me parlait, Gesril me disait : « Tu le souffres ? » À ce mot je croyais mon honneur compromis et je sautais aux yeux du téméraire ; la taille et l'âge n'y faisaient rien. Spectateur du combat, mon ami applaudissait à mon courage, mais ne faisait rien pour me servir.

Nous étions un dimanche sur la grève, à l'*éventail* de la porte Saint-Thomas à l'heure de la marée. Au pied du château et le long du *Sillon*[1], de gros pieux enfoncés dans le sable protègent les murs contre la houle. Nous grimpions ordinairement au haut de ces pieux pour voir passer au-dessous de nous les premières ondulations du flux. Les places étaient prises comme de coutume ; plusieurs petites filles se mêlaient aux petits garçons. J'étais le plus en pointe vers la mer, n'ayant devant moi qu'une jolie mignonne, Hervine Magon, qui riait de plaisir et pleurait de peur. Gesril se trouvait à l'autre bout, du côté de la terre. Le flot arrivait, il faisait du vent ; déjà les bonnes et les domestiques criaient : « Descendez, mademoiselle ! descendez, monsieur ! » Gesril attend une grosse lame : lorsqu'elle s'engouffre entre les pilotis, il pousse l'enfant assis auprès de lui ; celui-là se renverse sur un autre ;

1. La langue de terre qui relie Saint-Malo au continent.

celui-ci sur un autre : toute la file s'abat comme des moines de cartes, mais chacun est retenu par son voisin ; il n'y eut que la petite fille de l'extrémité de la ligne sur laquelle je chavirai qui, n'étant appuyée par personne, tomba. Le jusant l'entraîne ; aussitôt mille cris, toutes les bonnes retroussant leurs robes et tripotant dans la mer, chacune saisissant son marmot et lui donnant une tape. Hervine fut repêchée ; mais elle déclara que François l'avait jetée bas. Les bonnes fondent sur moi ; je leur échappe ; je cours me barricader dans la cave de la maison : l'armée femelle me pourchasse. Ma mère et mon père étaient heureusement sortis. La Villeneuve défend vaillamment la porte et soufflette l'avant-garde ennemie. Le véritable auteur du mal, Gesril, me prête secours : il monte chez lui, et avec ses deux sœurs jette par les fenêtres des potées d'eau et des pommes cuites aux assaillantes. Elles levèrent le siège à l'entrée de la nuit ; mais cette nouvelle se répandit dans la ville, et le chevalier de Chateaubriand, âgé de neuf ans, passa pour un homme atroce.

M. et Mme de Chateaubriand résolurent de me séparer de Gesril le plus tôt possible.

Voilà le tableau de ma première enfance. J'ignore si la dure éducation que je reçus est bonne en principe, mais elle fut adoptée de mes proches sans dessein et par une suite naturelle de leur humeur. Ce qu'il y a de sûr, c'est qu'elle a rendu mes idées moins semblables à celles des autres hommes ; ce qu'il y a de plus sûr encore, c'est qu'elle a imprimé à mes sentiments un caractère de mélancolie née chez moi de l'habitude de souffrir à l'âge de la faiblesse, de l'imprévoyance et de la joie.

Dira-t-on que cette manière de m'élever m'aurait pu conduire à détester les auteurs de mes jours ? Nullement. le souvenir de leur rigueur m'est presque agréable ; j'estime et honore leurs grandes qualités. Quand mon père mourut, mes camarades au régiment de Navarre furent témoins de mes regrets. C'est de ma mère que je tiens la consolation de ma vie, puisque c'est d'elle que je tiens ma religion. Aurait-on mieux développé mon intelligence en me jetant plus tôt dans l'étude ? J'en doute : ces flots, ces vents, cette solitude qui furent mes premiers maîtres, convenaient peut-être mieux à mes dispositions natives ; peut-être dois-je à ces instituteurs sauvages quelques vertus que j'aurais ignorées. La vérité est qu'aucun système d'éducation n'est en soi préférable à un autre système : les enfants aiment-ils mieux leurs parents aujourd'hui qu'ils les tutoient et ne les craignent plus ? Gesril était gâté dans la maison où j'étais gourmandé : nous avons été tous deux d'honnêtes gens et des fils tendres et respectueux. Telle chose que vous croyez mauvaise met en valeur les talents de votre enfant ; telle chose qui vous semble bonne, étoufferait ces mêmes talents. Dieu fait bien ce qu'Il fait : c'est la Providence qui nous dirige, lorsqu'elle nous destine à jouer un rôle sur la scène du monde.

Changement de mon éducation. – Collège de Dol. – Mariage de mes deux sœurs aînées. – Aventure de la pie. – Première communion. – Collège de Rennes. – Mariage de ma troisième sœur. – Je suis envoyé à Brest. – Je reviens à Combourg

Dieppe, septembre 1812.
Revu en juin 1846.

Ma mère n'avait cessé de désirer qu'on me donnât une éducation classique. L'état de marin auquel on me destinait « ne serait peut-être pas de mon goût », disait-elle ; il lui semblait bon de me rendre capable de suivre une autre carrière. Sa piété la portait à souhaiter que je me décidasse pour l'Église. Elle proposa donc de me mettre dans un collège où j'apprendrais les mathématiques, le dessin, les armes et la langue anglaise ; elle ne parla point du grec et du latin, de peur d'effaroucher mon père ; mais elle me les comptait faire enseigner, d'abord en secret, ensuite à découvert lorsque j'aurais fait des progrès. Mon père agréa la proposition : il fut convenu que j'entrerais au collège de Dol. Cette ville eut la préférence parce qu'elle se trouvait sur la route de Saint-Malo à Combourg.

Il fallut quelque temps à un hibou de mon espèce pour s'accoutumer à la cage d'un collège et régler sa volée au son d'une cloche. Je ne pouvais avoir ces prompts amis que donne la fortune, car il n'y avait rien à gagner avec un pauvre polisson qui n'avait pas même d'argent de semaine. Dans les jeux, je ne prétendais mener personne, mais je ne voulais pas être mené : je n'étais bon ni pour tyran ni pour esclave, et tel je suis demeuré.

Il arriva pourtant que je devins assez vite un centre de réunion. Des qualités que ma première éducation avait laissées dormir s'éveillèrent au collège. Mon aptitude au travail était remarquable, ma mémoire extraordinaire. Je fis des progrès rapides en mathématiques. Je montrai en même temps un goût décidé pour les langues. J'attendais l'heure des leçons de latin avec une sorte d'impatience, comme un délassement de mes chiffres et de mes figures de géométrie.

La troisième année de mon séjour à Dol fut marquée par le mariage de mes deux sœurs aînées. Elles suivirent leurs maris à Fougères : signal de la dispersion d'une famille dont les membres devaient bientôt se séparer. Mes sœurs reçurent la bénédiction nuptiale à Combourg le même jour, à la même heure, au même autel, dans la chapelle du château. Elles pleuraient, ma mère pleurait ; je fus étonné de cette douleur : je la comprends aujourd'hui. Je n'assiste pas à un baptême ou à un mariage sans sourire amèrement ou sans éprouver un serrement de cœur. Après le malheur de naître, je n'en connais pas de plus grand que celui de donner le jour à un homme.

Cette même année commença une révolution dans ma personne comme dans ma famille. Le hasard fit tomber entre mes mains deux livres bien divers, un *Horace* non châtié et une histoire des *Confessions mal faites*. Le bouleversement d'idées que ces deux livres me causèrent est incroyable : un monde étrange s'éleva autour de moi. D'un côté, je soupçonnai des secrets incompréhensibles à mon âge, une existence différente de la mienne, des plaisirs au-delà de mes jeux, des charmes d'une nature ignorée dans un sexe où je n'avais vu qu'une mère et des sœurs ; d'un autre côté, des spectres traînant des chaînes et vomissant des flammes m'annonçaient les supplices éternels pour un seul péché dissimulé.

Je perdis le sommeil ; la nuit, je croyais voir tour à tour des mains noires et des mains blanches passer à travers mes rideaux : je vins à me figurer que ces dernières mains étaient maudites par la religion, et cette idée accrut mon épouvante des ombres infernales. Je cherchais en vain dans le ciel et dans l'enfer l'explication d'un double mystère. Frappé à la fois au moral et au physique, je luttais encore avec mon innocence contre les orages d'une passion prématurée et les terreurs de la superstition. Dès lors je sentis s'échapper quelques étincelles de ce feu qui est la transmission de la vie.

Ce qu'on dit d'un malheur, qu'il n'arrive jamais seul, on le peut dire des passions : elles viennent ensemble, comme les muses ou comme les furies. Avec le penchant qui commençait à me tourmenter, naquit en moi l'honneur ; exaltation de l'âme, qui maintient le cœur incorruptible au milieu de la corruption.

Lorsque le temps était beau, les pensionnaires du collège sortaient le jeudi et le dimanche. Un but de nos promenades était les prés qui environnaient un séminaire.

Un jour du mois de mai, l'abbé Égault, préfet de semaine, nous avait conduits à ce séminaire : on nous laissait une grande liberté de jeux, mais il était expressément défendu de monter sur les arbres. Le régent après nous avoir établis dans un chemin herbu, s'éloigna pour dire son bréviaire.

Des ormes bordaient le chemin : tout à la cime du plus grand, brillait un nid de pie : nous voilà en admiration, nous montrant mutuellement la mère assise sur ses œufs, et pressés du plus vif désir de saisir cette superbe proie. Mais qui oserait tenter l'aventure ? L'ordre était si sévère, le régent si près, l'arbre si haut ! Toutes les espérances se tournent vers moi ; je grimpais comme un chat. J'hésite, puis la gloire l'emporte : je me dépouille de mon habit, j'embrasse l'orme et je commence à monter. Le tronc était sans branches, excepté aux deux tiers de sa crue, où se formait une fourche dont une des pointes portait le nid.

Mes camarades, assemblés sous l'arbre, applaudissent à mes efforts, me regardant, regardant l'endroit d'où pouvait venir le préfet, trépignant de joie dans l'espoir des œufs, mourant de peur dans l'attente du châtiment. J'aborde au nid ; la pie s'envole ; je ravis les œufs, je les mets dans ma chemise et redescends. Malheureusement, je me laisse glisser entre les tiges jumelles et j'y reste à califourchon. L'arbre étant élagué, je ne pouvais appuyer mes pieds ni à droite ni à gauche : je demeure suspendu en l'air à cinquante pieds.

Tout à coup un cri : « Voici le préfet ! » et je me vois incontinent abandonné de mes amis, comme c'est l'usage. Un seul, appelé Le Gobbien, essaya de me porter secours, et fut tôt obligé de renoncer à sa généreuse entreprise. Il n'y avait qu'un moyen de sortir de ma fâcheuse position, c'était de me suspendre en dehors par les mains à l'une des deux dents de la fourche, et de tâcher de saisir avec mes pieds le tronc de l'arbre au-dessous de sa bifurcation. J'exécutai cette manœuvre au péril de ma vie. Au milieu de mes tribulations, je n'avais pas lâché mon trésor ; j'aurais pourtant mieux fait de le jeter, comme depuis j'en ai jeté tant d'autres. En dévalant le tronc, je m'écorchai les mains, je m'éraillai les jambes et la poitrine, et j'écrasai les œufs : ce fut ce qui me perdit.

Le préfet ne m'avait point vu sur l'orme ; je lui cachai assez bien mon sang, mais il n'y eut pas moyen de lui dérober l'éclatante couleur d'or dont j'étais barbouillé. « Allons, me dit-il, monsieur, vous aurez le fouet. »

Si cet homme m'eût annoncé qu'il commuait cette peine dans celle de mort, j'aurais éprouvé un mouvement de joie. L'idée de la honte n'avait point approché de mon éducation sauvage : à tous les âges de ma vie, il n'y a point de supplice que je n'eusse préféré à l'horreur d'avoir à rougir devant une créature vivante. L'indignation s'éleva dans mon cœur, je répondis à l'abbé Égault, avec l'accent non d'un enfant, mais d'un homme, que jamais ni lui ni personne ne lèverait la main sur moi. Cette réponse l'anima ; il m'appela rebelle et promit de faire un exemple.

Nous retournâmes au collège ; le régent me fit entrer chez lui et m'ordonna de me soumettre. Mes sentiments exaltés firent place à des torrents de larmes. Je représentai à l'abbé Égault qu'il m'avait appris le latin ; que j'étais son écolier, son disciple, son enfant ; qu'il ne voudrait pas déshonorer son élève, et me rendre la vue de mes compagnons insupportable, qu'il pouvait me mettre en prison, au pain et à l'eau, me priver de mes récréations, me charger de *pensums* ; que je lui saurais gré de cette clémence et l'en aimerais davantage. Je tombai à ses genoux, je joignis les mains, je le suppliai par Jésus-Christ de m'épargner : il demeura sourd à mes prières. Je me levai plein de rage, et lui lançai dans les jambes un coup de pied si rude qu'il en poussa un cri. Il court en clochant à la porte de sa chambre, la ferme à double tour et revient sur moi. Je me retranche derrière son lit, il m'allonge à travers le lit des coups de férule. Je m'entortille dans la couverture, et, m'animant au combat, je m'écrie :

– *Macte animo, generose puer*[1]*!*

Cette érudition de grimaud fit rire malgré lui mon ennemi ; il parla d'armistice : nous conclûmes un traité ; je convins de m'en rapporter à l'arbitrage du principal. Sans me donner gain de cause, le principal me voulut bien soustraire à la punition que j'avais repoussée. Ainsi se termina le premier combat que me fit rendre cet honneur devenu l'idole de ma vie et auquel j'ai tant de fois sacrifié repos, plaisir et fortune.

L'époque de ma première communion approchait, moment où l'on décidait dans la famille de l'état futur de l'enfant. Cette cérémonie religieuse remplaçait parmi les jeunes chrétiens la prise de la robe virile chez les Romains. Mme de Chateaubriand était venue assister à la première communion d'un fils qui, après s'être uni à son Dieu, allait se séparer de sa mère. Ma piété paraissait sincère ; j'édifiais tout le collège : mes regards étaient ardents ; mes abstinences répétées allaient jusqu'à donner de l'inquiétude à mes maîtres. On craignait l'excès de ma dévotion ; une religion éclairée cherchait à tempérer ma ferveur.

1. Vers de Stace, inspiré par Virgile, dans les *Silves* : « Courage, enfant bien né ! »

Je devais recevoir l'absolution le mercredi saint. Je n'aurai jamais un tel moment dans ma vie. Si l'on m'avait débarrassé du poids d'une montagne, on ne m'eût pas plus soulagé : je sanglotais de bonheur. J'ose dire que c'est de ce jour que j'ai été créé honnête homme ; je sentis que je ne survivrais jamais à un remords. Le lendemain, jeudi saint, je fus admis à cette cérémonie touchante et sublime dont j'ai vainement essayé de tracer le tableau dans le *Génie du christianisme.* Ce jour-là, tout fut à Dieu et pour Dieu. Je sais parfaitement ce que c'est que la Foi : la présence réelle de la victime dans le saint sacrement de l'autel m'était aussi sensible que la présence de ma mère à mes côtés. Quand l'hostie fut déposée sur mes lèvres, je me sentis comme tout éclairé en dedans. Trois semaines après ma première communion, je quittai le collège de Dol. Je ne tardai pas à partir pour Rennes : j'y devais continuer mes études et clore mon cours de mathématiques, afin de subir ensuite à Brest l'examen de garde-marine.

Rennes me semblait une Babylone, le collège un monde. La multitude des maîtres et des écoliers, la grandeur des bâtiments, du jardin et des cours, me paraissaient démesurées : je m'y habituai cependant.

Quoique l'éducation fût très religieuse au collège de Rennes, ma ferveur se ralentit : le grand nombre de mes maîtres et de mes camarades multipliait les occasions de distraction. J'avançai dans l'étude des langues ; je devins fort en mathématiques, pour lesquelles j'ai toujours eu un penchant décidé : j'aurais fait un bon officier de marine ou de génie. En tout j'étais né avec des dispositions faciles : sensible aux choses sérieuses comme aux choses agréables, j'ai commencé par la poésie, avant d'en venir à la prose ; les arts me transportaient ; j'ai passionnément aimé la musique et l'architecture. Cette souplesse de mon intelligence se retrouvait dans les choses secondaires. J'étais habile aux échecs, adroit au billard, à la chasse, au maniement des armes ; je dessinais passablement ; j'aurais bien chanté, si l'on eût pris soin de ma voix. Tout cela, joint au genre de mon éducation, à une vie de soldat et de voyageur, fait que je n'ai point senti mon pédant, que je n'ai jamais eu l'air hébété ou suffisant, la gaucherie, les habitudes crasseuses des hommes de lettres d'autrefois, encore moins la morgue et l'assurance, l'envie et la vanité fanfaronne des nouveaux auteurs.

Je passai deux ans au collège de Rennes. Julie, ma troisième sœur, se maria dans le cours de ces deux années : elle épousa le comte de Farcy, capitaine au régiment de Condé, et s'établit avec son mari à Fougères, où déjà habitaient mes deux sœurs aînées.

Après le mariage de Julie, je partis pour Brest. Cette mer que je devais rencontrer sur tant de rivages baignait à Brest l'extrémité de la péninsule Armoricaine : après ce cap avancé, il n'y avait plus rien qu'un océan sans bornes et des mondes inconnus ; mon imagination se jouait dans ces espaces.

Souvent, assis sur quelque mât qui gisait le long du quai de Recouvrance, je regardais les mouvements de la foule : constructeurs, matelots, militaires, douaniers, forçats, passaient et repassaient devant moi. Des voyageurs débarquaient et s'embarquaient, des pilotes commandaient la manœuvre, des charpentiers équarrissaient des pièces de bois, des cordiers filaient des câbles, des mousses allumaient des feux sous des chaudières d'où sortaient une épaisse fumée et la saine odeur du goudron.

J'aurais beaucoup aimé le service de la marine, si mon esprit d'indépendance ne m'eût éloigné de tous les genres de service : j'ai en moi une impossibilité d'obéir. Les voyages me tentaient, mais je sentais que je ne les aimerais que seul, en suivant ma volonté. Enfin, donnant la première preuve de mon inconstance, sans en demander permission à personne, sans attendre mon brevet d'aspirant, je partis un matin pour Combourg où je tombai comme des nues.

Je m'étonne encore aujourd'hui qu'avec la frayeur que m'inspirait mon père, j'eusse osé prendre une pareille résolution, et ce qu'il y a d'aussi étonnant, c'est la manière dont je fus reçu. Je devais m'attendre aux transports de la plus vive colère, je fus accueilli doucement. Mon père se contenta de secouer la tête comme pour dire : « Voilà une belle équipée ! » Ma mère m'embrassa de tout son cœur en grognant, et ma Lucile, avec un ravissement de joie.

Vie à Combourg. – Voleurs et spectres. – Mon donjon. – Passage de l'enfant à l'homme. – Lucile. – Premier souffle de la muse. – Fantôme d'amour. – Deux années de délire. – Mes joies de l'automne. – Incantation. – Tentation. – Maladie. – Je crains et refuse de m'engager dans l'état ecclésiastique. – Dernière entrevue avec mon père. – Adieux à Combourg

Montboissier, juillet 1817.

Le livre précédent fut écrit sous la tyrannie expirante de Bonaparte et à la lueur des derniers éclairs de sa gloire : je commence le livre actuel sous le règne de Louis XVIII. J'ai vu de près les rois, et mes illusions politiques se sont évanouies, comme ces chimères plus douces dont je continue le récit.

À mon retour de Brest, quatre maîtres (mon père, ma mère, ma sœur et moi) habitaient le château de Combourg. Une cuisinière, une femme de chambre, deux laquais et un cocher composaient tout le domestique : un chien de chasse et deux vieilles juments étaient retranchés dans un coin de l'écurie. Le calme morne du château de Combourg était augmenté par l'humeur taciturne et insociable de mon père. Au lieu de resserrer sa famille et ses gens autour de lui, il les avait dispersés à toutes les aires de vent de l'édifice. Sa chambre à coucher était placée dans la petite tour de l'est, et son cabinet dans la petite tour de l'ouest. Les meubles de ce cabinet consistaient en trois chaises de cuir noir et une table couverte de titres et de parchemins. Un arbre généalogique de la famille des Chateaubriand tapissait le manteau de la cheminée, et dans l'embrasure d'une fenêtre on voyait toutes sortes d'armes depuis le pistolet jusqu'à l'espingole.

L'appartement de ma mère régnait au-dessus de la grand-salle, entre les deux petites tours : il était parqueté et orné de glaces de Venise à facettes. Ma sœur habitait un cabinet dépendant de l'appartement de ma mère. La femme de chambre couchait loin de là, dans le corps de logis des grandes tours. Moi, j'étais niché dans une espèce de cellule isolée, au haut de la tourelle de l'escalier qui communiquait de la cour intérieure aux diverses parties du château. Au bas de cet escalier, le valet de chambre de mon père et le domestique gisaient dans des caveaux voûtés, et la cuisinière tenait garnison dans la grosse tour de l'ouest.

Mon père se levait à quatre heures du matin, hiver comme été. On lui apportait un peu de café à cinq heures ; il travaillait ensuite dans son cabinet jusqu'à midi. Ma mère et ma sœur déjeunaient chacune dans leur chambre, à huit heures du matin. Je n'avais aucune heure fixe, ni pour me lever, ni pour déjeuner ; j'étais censé étudier jusqu'à midi : la plupart du temps je ne faisais rien.

À onze heures et demie, on sonnait le dîner que l'on servait à midi. On restait ensemble jusqu'à deux heures. Alors, si l'été, mon père prenait le divertissement de la pêche, visitait ses potagers, se promenait dans l'étendue du vol du chapon[1]; si l'automne et l'hiver, il partait pour la chasse, ma mère se retirait dans la chapelle, où elle passait quelques heures en prières.

Mon père parti et ma mère en prières, Lucile s'enfermait dans sa chambre; je regagnais ma cellule, ou j'allais courir les champs. À huit heures, la cloche annonçait le souper. Après le souper, dans les beaux jours, on s'asseyait sur le perron. Mon père, armé de son fusil, tirait les chouettes qui sortaient des créneaux à l'entrée de la nuit. Ma mère, Lucile et moi, nous regardions le ciel, les bois, les derniers rayons du soleil, les premières étoiles. À dix heures, on rentrait et l'on se couchait.

Les soirées d'automne et d'hiver étaient d'une autre nature. Le souper fini et les quatre convives revenus de la table à la cheminée, ma mère se jetait, en soupirant, sur un vieux lit de jour; on mettait devant elle un guéridon avec une bougie. Je m'asseyais auprès du feu avec Lucile; les domestiques enlevaient le couvert et se retiraient. Mon père commençait alors une promenade, qui ne cessait qu'à l'heure de son coucher. Il était vêtu d'une robe de ratine blanche, ou plutôt d'une espèce de

1. Étendue d'un domaine équivalant au terrain que peut survoler un chapon, soit environ un arpent.

manteau que je n'ai vu qu'à lui. Sa tête, demi-chauve, était couverte d'un grand bonnet blanc qui se tenait tout droit. Lorsqu'en se promenant, il s'éloignait du foyer, la vaste salle était si peu éclairée par une seule bougie qu'on ne le voyait plus ; on l'entendait seulement encore marcher dans les ténèbres : puis il revenait lentement vers la lumière et émergeait peu à peu de l'obscurité, comme un spectre, avec sa robe blanche, son bonnet blanc, sa figure longue et pâle. Lucile et moi, nous échangions quelques mots à voix basse, quand il était à l'autre bout de la salle ; nous nous taisions quand il se rapprochait de nous. Il nous disait, en passant : « De quoi parliez-vous ? » Saisis de terreur, nous ne répondions rien ; il continuait sa marche. Le reste de la soirée, l'oreille n'était plus frappée que du bruit mesuré de ses pas, des soupirs de ma mère et du murmure du vent.

Dix heures sonnaient à l'horloge du château : mon père s'arrêtait ; le même ressort, qui avait soulevé le marteau de l'horloge, semblait avoir suspendu ses pas. Il tirait sa montre, la montait, prenait un grand flambeau d'argent surmonté d'une grande bougie, entrait un moment dans la petite tour de l'ouest, puis revenait, son flambeau à la main, et s'avançait vers sa chambre à coucher, dépendante de la petite tour de l'est. Lucile et moi, nous nous tenions sur son passage ; nous l'embrassions en lui souhaitant une bonne nuit. Il penchait vers nous sa joue sèche et creuse sans nous répondre, continuait sa route et se retirait au fond de la tour, dont nous entendions les portes se refermer sur lui.

Le talisman était brisé ; ma mère, ma sœur et moi, transformés en statues par la présence de mon père, nous recouvrions les fonctions de la vie. Le premier effet de notre désenchantement se manifestait par un débordement de paroles : si le silence nous avait opprimés, il nous le payait cher.

Ce torrent de paroles écoulé, j'appelais la femme de chambre, et je reconduisais ma mère et ma sœur à leur appartement. Avant de me retirer, elles me faisaient regarder sous les lits, dans les cheminées, derrière les portes, visiter les escaliers, les passages et les corridors voisins. Toutes les traditions du château, voleurs et spectres, leur revenaient en mémoire. Les gens étaient persuadés qu'un certain comte de Combourg, à jambe de bois, mort depuis trois siècles, apparaissait à certaines époques, et qu'on l'avait rencontré dans le grand escalier de la tourelle ; sa jambe de bois se promenait aussi quelquefois seule avec un chat noir. Ces récits occupaient tout le temps du coucher de ma mère et de ma sœur : elles se mettaient au lit mourantes de peur ; je me retirais au haut de ma tourelle ; la cuisinière rentrait dans la grosse tour, et les domestiques descendaient dans leur souterrain.

La fenêtre de mon donjon s'ouvrait sur la cour intérieure ; le jour, j'avais en perspective les créneaux de la courtine opposée, où végétaient des scolopendres et croissait un prunier sauvage. Quelques martinets qui, durant l'été, s'enfonçaient en criant dans les trous des murs, étaient mes seuls compagnons. La nuit, je n'apercevais qu'un petit morceau du ciel et quelques étoiles. Lorsque la lune brillait et qu'elle s'abaissait à l'occident, j'en étais averti par ses rayons, qui venaient à mon lit au travers des carreaux losangés de la fenêtre. Des chouettes, voletant d'une tour à l'autre, passant et repassant entre la lune et moi, dessinaient sur mes rideaux l'ombre mobile de leurs ailes. Relégué dans l'endroit le plus désert, à l'ouverture des galeries, je ne perdais pas un murmure des ténèbres. Quelquefois, le vent semblait courir à pas légers ; quelquefois, il laissait échapper des plaintes ; tout à coup, ma porte était ébranlée avec violence, les souterrains poussaient des mugissements, puis ces bruits expiraient pour recommencer encore. À quatre heures du matin, la voix du maître du château, appelant le valet de chambre à l'entrée des voûtes séculaires, se faisait entendre comme la voix du dernier fantôme de la nuit.

L'entêtement du comte de Chateaubriand à faire coucher un enfant seul au haut d'une tour pouvait avoir quelque inconvénient ; mais il tourna à mon avantage. Cette manière violente de me traiter me laissa le courage d'un homme, sans m'ôter cette sensibilité d'imagination dont on voudrait aujourd'hui priver la jeunesse. Au lieu de chercher à me convaincre qu'il n'y avait point de revenants, on me força de les braver. Lorsque mon père me disait avec un sourire ironique : « Monsieur le chevalier aurait-il peur ? » il m'eût fait coucher avec un mort. Lorsque mon excellente mère me disait : « Mon enfant, tout n'arrive que par la permission de Dieu ; vous n'avez rien à craindre des mauvais esprits, tant que vous serez bon chrétien » ; j'étais mieux rassuré que par tous les arguments de la philosophie. Mon succès fut si complet que les vents de la nuit, dans ma tour déshabitée, ne servaient que de jouets à mes caprices et d'ailes à mes songes. Mon imagination allumée, se propageant sur tous les objets, ne trouvait nulle part assez de nourriture et aurait dévoré la terre et le ciel. C'est cet état moral qu'il faut maintenant décrire. Replongé dans ma jeunesse, je vais essayer de me saisir dans le passé, de me montrer tel que j'étais, tel peut-être que je regrette de n'être plus, malgré les tourments que j'ai endurés.

À peine étais-je revenu de Brest à Combourg, qu'il se fit dans mon existence une révolution. L'enfant disparut et l'homme se montra avec ses joies qui passent et ses chagrins qui restent.

D'abord tout devint passion chez moi, en attendant les passions mêmes. Lorsque après un dîner silencieux où je n'avais osé ni parler ni manger, je parvenais à m'échapper, mes transports étaient incroyables. Aussitôt que j'avais atteint les bois, je me mettais à courir, à sauter, à bondir jusqu'à ce que je tombasse épuisé de forces, palpitant, enivré de folâtreries et de liberté. J'étais agité d'un désir de bonheur que je ne pouvais ni régler, ni comprendre ; mon esprit et mon cœur s'achevaient de former comme deux temples vides, sans autels et sans sacrifices ; on ne savait encore quel Dieu y serait adoré. Je croissais auprès de ma sœur Lucile ; notre amitié était toute notre vie.

Lucile et moi nous nous étions inutiles. Quand nous parlions du monde, c'était de celui que nous portions au-dedans de nous et qui ressemblait bien peu au monde véritable. Elle voyait en moi son protecteur, je voyais en elle mon amie. Il lui prenait des accès de pensées noires que j'avais peine à dissiper : à dix-sept ans, elle déplorait la perte de ses jeunes années ; elle se voulait ensevelir dans un cloître. Tout lui était souci, chagrin, blessure : une expression qu'elle cherchait, une chimère qu'elle s'était faite, la tourmentaient des mois entiers. J'essayais de la consoler, et l'instant d'après je m'abîmais dans des désespoirs inexplicables.

La vie que nous menions à Combourg, ma sœur et moi, augmentait l'exaltation de notre âge et de notre caractère. Notre principal désennui consistait à nous promener côte à côte, au printemps sur un tapis de primevères, en automne sur un lit de feuilles séchées, en hiver sur une nappe de neige que brodait la trace des oiseaux, des écureuils et des hermines. Ce fut dans une de ces promenades, que Lucile, m'entendant parler avec ravissement de la solitude, me dit : « Tu devrais peindre tout cela. » Ce mot me révéla la muse ; un souffle divin passa sur moi. Je me mis à bégayer des vers, comme si c'eût été ma langue naturelle ; jour et nuit je chantais mes plaisirs, c'est-à-dire mes bois et mes vallons.

Le goût que Lucile m'avait inspiré pour la poésie fut de l'huile jetée sur le feu. Mes sentiments prirent un nouveau degré de force ; il me passa par l'esprit des vanités de renommée ; je crus un moment à mon *talent*, mais bientôt, revenu à une juste défiance de moi-même, je me mis à douter de ce talent, ainsi que j'en ai toujours douté. Je regardai mon travail comme une mauvaise tentation ; j'en voulus à Lucile d'avoir fait naître en moi un penchant malheureux : je cessai d'écrire, et je me pris à pleurer ma gloire à venir, comme on pleurerait sa gloire passée.

Rentré dans ma première oisiveté, je sentis davantage ce qui manquait à ma jeunesse : je m'étais un mystère. Je ne pouvais voir une femme sans être troublé ; je rougissais si elle m'adressait la parole. Quand on m'aurait livré les plus belles esclaves du sérail, je n'aurais su que leur demander : le hasard m'éclaira.

Un voisin de la terre de Combourg était venu passer quelques jours au château avec sa femme, fort jolie. Je ne sais ce qui advint dans le village ; on courut à l'une des fenêtres de la grand-salle pour regarder. J'y arrivai le premier, l'étrangère se précipitait sur mes pas, je voulus lui céder la place et je me tournai vers elle ; elle me barra involontairement le chemin, et je me sentis pressé entre elle et la fenêtre. Dès ce moment, j'entrevis que d'aimer et d'être aimé d'une manière qui m'était inconnue devait être la félicité suprême. Si j'avais fait ce que font les autres hommes, j'aurais bientôt appris les peines et les plaisirs de la passion dont je portais le germe ; mais tout prenait en moi un caractère extraordinaire. L'ardeur de mon imagination, ma timidité, la solitude firent qu'au lieu de me jeter au-dehors, je me repliai sur moi-même ; faute d'objet réel, j'évoquai par la puissance de mes vagues désirs un fantôme qui ne me quitta plus. Je ne sais si l'histoire du cœur humain offre un autre exemple de cette nature.

Je me composai donc une femme de toutes les femmes que j'avais vues : elle avait la taille, les cheveux et le sourire de l'étrangère qui m'avait pressé contre son sein ; je lui donnai les yeux de telle jeune fille du village, la fraîcheur de telle autre. Les portraits des grandes dames du temps de François Ier, de Henri IV et de Louis XIV, dont le salon était orné, m'avaient fourni d'autres traits, et j'avais dérobé des grâces jusqu'aux tableaux des Vierges suspendues dans les églises.

Cette charmeresse me suivait partout invisible ; je m'entretenais avec elle, comme avec un être réel ; elle variait au gré de ma folie : Aphrodite sans voile, Diane vêtue d'azur et de rosée, souvent elle devenait une fée qui me soumettait la nature. Sans cesse, je retouchais ma toile ; j'enlevais un appas à ma beauté pour le remplacer par un autre. Je changeais aussi ses parures ; j'en empruntais à tous les pays, à tous les siècles, à tous les arts, à toutes les religions. Puis, quand j'avais fait un chef-d'œuvre, j'éparpillais de nouveau mes dessins et mes couleurs ; ma femme unique se transformait en une multitude de femmes, dans lesquelles j'idolâtrais séparément les charmes que j'avais adorés réunis.

Pygmalion fut moins amoureux de sa statue : mon embarras était de plaire à la mienne. Ne me reconnaissant rien de ce qu'il fallait pour être aimé, je me prodiguais ce qui me manquait. Je montais à cheval comme Castor et Pollux ; je jouais de la lyre comme Apollon ; Mars maniait ses armes avec moins de force et d'adresse : héros de roman ou d'histoire, que d'aventures fictives j'entassais sur des fictions ! Au sortir de ces rêves, quand je me retrouvais un pauvre petit Breton obscur, sans gloire, sans beauté, sans talents, qui n'attirerait les regards de personne, qui passerait ignoré, qu'aucune femme n'aimerait jamais, le désespoir s'emparait de moi : je n'osais plus lever les yeux sur l'image brillante que j'avais attachée à mes pas.

Ce délire dura deux années entières, pendant lesquelles les facultés de mon âme arrivèrent au plus haut point d'exaltation. Je parlais peu, je ne parlai plus ; j'étudiais encore, je jetai là les livres ; mon goût pour la solitude redoubla. J'avais tous les symptômes d'une passion violente ; mes yeux se creusaient ; je maigrissais ; je ne dormais plus ; j'étais distrait, triste, ardent, farouche. Mes jours s'écoulaient d'une manière sauvage, bizarre, insensée, et pourtant pleins de délices. Plus la saison était triste, plus elle était en rapport avec moi.

Je voyais avec un plaisir indicible le retour de la saison des tempêtes, le passage des cygnes et des ramiers, le rassemblement des corneilles dans la prairie de l'étang. Lorsque le soir élevait une vapeur bleuâtre au carrefour des forêts, que les complaintes ou les lais du vent gémissaient dans les mousses flétries, j'entrais en pleine possession des sympathies de ma nature.

Le soir je m'embarquais sur l'étang, conduisant seul mon bateau au milieu des joncs et des larges feuilles flottantes du nénuphar. La nuit descendait ; les roseaux agitaient leurs champs de quenouilles et de glaives, parmi lesquels la caravane emplumée, poules d'eau, sarcelles, martins-pêcheurs, bécassines, se taisait ; le lac battait ses bords ; les grandes voix de l'automne sortaient des marais et des bois : j'échouais mon bateau au rivage et retournais au château. Dix heures sonnaient. À peine retiré dans ma chambre, ouvrant mes fenêtres, fixant mes regards au ciel, je commençais une incantation. Je montais avec ma magicienne sur les nuages : roulé dans ses cheveux et dans ses voiles, j'allais, au gré des tempêtes, agiter la cime des forêts, ébranler le sommet des montagnes, ou tourbillonner sur les mers. Au milieu du désordre des éléments, je mariais avec ivresse la pensée du danger à celle du plaisir. Les souffles de l'aquilon ne m'apportaient que les soupirs de la volupté ; le murmure de la pluie m'invitait au sommeil sur le sein d'une femme. Les paroles que j'adressais à cette femme auraient rendu des sens à la vieillesse, et réchauffé le marbre des tombeaux. Ignorant tout, sachant tout, à la fois vierge et amante, Ève innocente, Ève tombée, l'enchanteresse par qui me venait ma folie était un mélange de mystères et de passions : je la plaçais sur un autel et je l'adorais. L'orgueil d'être aimé d'elle augmentait encore mon amour.

Accablé et comme submergé de ces délices, je ne savais plus quelle était ma véritable existence ; j'étais homme et n'étais pas homme ; je devenais le nuage, le vent, le bruit ; j'étais un pur esprit, un être aérien, chantant la souveraine félicité. Je me dépouillais de ma nature pour me fondre avec la fille de mes désirs, pour me transformer en elle, pour toucher plus intimement la beauté, pour être à la fois la passion reçue et donnée, l'amour et l'objet de l'amour. Tout à coup, frappé de ma folie, je me précipitais sur ma couche ; je me roulais dans ma douleur ; j'arrosais mon lit de larmes cuisantes que personne ne voyait et qui coulaient misérables, pour un néant.

De plus en plus garrotté à mon fantôme, ne pouvant jouir de ce qui n'existait pas, j'étais comme ces hommes mutilés qui rêvent des béatitudes pour eux insaisissables, et qui se créent un songe dont les plaisirs égalent les tortures de l'enfer. J'avais en outre le pressentiment des misères de mes futures destinées : ingénieux à me forger des souffrances, je m'étais placé entre deux désespoirs ; quelquefois je ne me croyais qu'un être nul, incapable de s'élever au-dessus du vulgaire ; quelquefois il me semblait sentir en moi des qualités qui ne seraient jamais appréciées. Un secret instinct m'avertissait qu'en avançant dans le monde, je ne trouverais rien de ce que je cherchais.

Tout nourrissait l'amertume de mes dégoûts : Lucile était malheureuse ; ma mère ne me consolait pas ; mon père me faisait éprouver les affres de la vie. Sa morosité augmentait avec l'âge ; la vieillesse raidissait son âme comme son corps ; il m'épiait sans cesse pour me gourmander. Lorsque je revenais de mes courses sauvages et que je l'apercevais assis sur le perron, on m'aurait plutôt tué que de me faire rentrer au château. Ce n'était néanmoins que différer mon supplice : obligé de paraître au souper, je m'asseyais tout interdit sur le coin de ma chaise, mes joues battues de la pluie, ma chevelure en désordre. Sous les regards de mon père, je demeurais immobile et la sueur couvrait mon front : la dernière lueur de la raison m'échappa.

Me voici arrivé à un moment où j'ai besoin de quelque force pour confesser ma faiblesse. L'homme qui attente à ses jours montre moins la vigueur de son âme que la défaillance de sa nature.

Je possédais un fusil de chasse dont la détente usée partait souvent au repos. Je chargeai ce fusil de trois balles, et je me rendis dans un endroit écarté. J'armai le fusil, j'introduisis le bout du canon dans ma bouche, je frappai la crosse contre terre; je réitérai plusieurs fois l'épreuve: le coup ne partit pas; l'apparition d'un garde suspendit ma résolution. Fataliste sans le vouloir et sans le savoir, je supposai que mon heure n'était pas arrivée, et je remis à un autre jour l'exécution de mon projet. Si je m'étais tué, tout ce que j'ai été s'ensevelissait avec moi; on ne saurait rien de l'histoire qui m'aurait conduit à ma catastrophe; j'aurais grossi la foule des infortunés sans nom, je ne me serais pas fait suivre à la trace de mes chagrins comme un blessé à la trace de son sang.

Ceux qui seraient troublés par ces peintures et tentés d'imiter ces folies, ceux qui s'attacheraient à ma mémoire par mes chimères, se doivent souvenir qu'ils n'entendent que la voix d'un mort. Lecteur, que je ne connaîtrai jamais, rien n'est demeuré: il ne reste de moi que ce que je suis entre les mains du Dieu vivant qui m'a jugé.

Une maladie, fruit de cette vie désordonnée, mit fin aux tourments par qui m'arrivèrent les premières inspirations de la muse et les premières attaques des passions. Ma poitrine se gonfla, la fièvre me saisit. Je fus six semaines en péril. Ma mère vint un matin s'asseoir au bord de mon lit, et me dit: « Il est temps de vous décider; mais avant d'entrer au séminaire, il faut vous bien consulter, car si je désire que vous embrassiez l'état ecclésiastique, j'aime encore mieux vous voir homme du monde que prêtre scandaleux. »

D'après ce qu'on vient de lire, on peut juger si la proposition de ma pieuse mère tombait à propos. Dans les événements majeurs de ma vie, j'ai toujours su promptement ce que je devais éviter; un mouvement d'honneur me pousse. Abbé? je me parus ridicule. Évêque? la majesté du sacerdoce m'imposait et je reculais avec respect devant l'autel. Ferais-je comme évêque des efforts afin d'acquérir des vertus, ou me contenterais-je de cacher mes vices? Je me sentais trop faible pour le premier parti, trop franc pour le second. Ceux qui me traitent d'hypocrite et d'ambitieux me connaissent peu: je ne réussirai jamais dans le monde, précisément parce qu'il me manque une passion et un vice, l'ambition et l'hypocrisie. La première serait tout au plus chez moi de l'amour-propre piqué; je pourrais désirer quelquefois être ministre ou roi pour me rire de mes ennemis; mais au bout de vingt-quatre heures je jetterais mon portefeuille et ma couronne par la fenêtre.

Je dis donc à ma mère que je n'étais pas assez fortement appelé à l'état ecclésiastique. Je variais pour la seconde fois dans mes projets: je n'avais point voulu me faire marin, je ne voulais plus être prêtre.

Mon père m'attendait dans son cabinet. « Monsieur le chevalier, me dit-il, votre frère a obtenu pour vous un brevet de sous-lieutenant au régiment de Navarre. Vous allez partir pour Cambrai. Voilà cent louis; ménagez-les. Je suis vieux et malade; je n'ai pas longtemps à vivre. Conduisez-vous en homme de bien et ne déshonorez jamais votre nom.» Il m'embrassa. Je sentis ce visage ridé et sévère se presser avec émotion contre le mien: c'était pour moi le dernier embrassement paternel.

Depuis cette époque, je n'ai revu Combourg que trois fois. C'est dans les bois de Combourg que je suis devenu ce que je suis, que j'ai commencé à sentir la première atteinte de cet ennui que j'ai traîné toute ma vie, de cette tristesse qui a fait mon tourment et ma félicité. Là, j'ai cherché un cœur qui pût entendre le mien; là, j'ai vu se réunir, puis se disperser ma famille. Mon père y rêva son nom rétabli, la fortune de sa maison renouvelée: autre chimère que le temps et les révolutions ont dissipée.

Si mes ouvrages me survivent, si je dois laisser un nom, peut-être un jour, guidé par ces *Mémoires*, quelque voyageur viendra visiter les lieux que j'ai peints. Il pourra reconnaître le château; mais il cherchera vainement le grand bois: le berceau de mes songes a disparu comme ces songes. Demeuré seul debout sur son rocher l'antique donjon pleure les chênes, vieux compagnons qui l'environnaient et le protégeaient contre la tempête. Isolé comme lui, j'ai vu comme lui tomber autour de moi la famille qui embellissait mes jours et me prêtait son abri: heureusement ma vie n'est pas bâtie sur la terre aussi solidement que les tours où j'ai passé ma jeunesse, et l'homme résiste moins aux orages que les monuments élevés par ses mains.

Cambrai. – Le régiment de Navarre. – Mort de mon père. – Mon frère m'appelle à Paris. – Présentation à Versailles. – Chasse avec le roi

Berlin, mars 1821.

Arrivé en habit bourgeois au régiment, vingt-quatre heures après j'avais pris l'habit de soldat ; il me semblait l'avoir toujours porté. Mon uniforme était bleu et blanc comme jadis la jaquette de mes vœux : j'ai marché sous les mêmes couleurs, jeune homme et enfant. Je ne subis aucune des épreuves à travers lesquelles les sous-lieutenants étaient dans l'usage de faire passer un nouveau venu ; je ne sais pourquoi on n'osa se livrer avec moi à ces enfantillages militaires. J'appris facilement le maniement des armes et la théorie ; je franchis mes grades de caporal et de sergent aux applaudissements de mes instructeurs. Ma chambre devint le rendez-vous des vieux capitaines comme des jeunes sous-lieutenants : les premiers me faisaient faire leurs campagnes, les autres me confiaient leurs amours.

L'année même où je faisais à Cambrai mes premières armes, on apprit la mort de Frédéric II : je suis ambassadeur auprès du neveu de ce grand roi, et j'écris à Berlin cette partie de mes *Mémoires*. À cette nouvelle importante pour le public, succéda une autre nouvelle, douloureuse pour moi : Lucile m'annonça que mon père avait été emporté d'une attaque d'apoplexie. Avec mon père finissait le premier acte de ma vie. Désormais j'étais sans maître et jouissant de ma fortune : cette liberté m'effraya. Qu'en allais-je faire ? Je me défiais de ma force ; je reculais devant moi.

J'obtins un congé. Ma famille se rassembla à Combourg ; on régla les partages ; cela fait, nous nous dispersâmes, comme des oiseaux s'envolent du nid paternel. Marigny, château de ma sœur aînée, à trois lieues de Fougères, était agréablement situé entre deux étangs parmi des bois, des rochers et des prairies. J'y demeurai quelques mois tranquille ; une lettre de Paris vint troubler mon repos.

Au moment d'entrer au service et d'épouser Mlle de Rosanbo, mon frère n'avait point encore quitté la robe ; par cette raison il ne pouvait monter dans les carrosses[1]. Son ambition pressée lui suggéra l'idée de me faire jouir des honneurs de la Cour afin de mieux préparer les voies à son élévation.

Cette lettre me frappa comme un coup de foudre : retourner à Paris, être présenté à la Cour – et je me trouvais presque mal quand je rencontrais trois ou quatre personnes inconnues dans un

1. Bien que gentilhomme, Jean-Baptiste de Chateaubriand ne peut prétendre aux honneurs de la Cour, contrairement à François-René qui sert à l'armée.

salon ! Me faire comprendre l'ambition, à moi qui ne rêvais que de vivre oublié !

Je partis pour être présenté à la première cour de l'Europe, pour débuter dans la vie de la manière la plus brillante, et j'avais l'air d'un homme que l'on traîne aux galères, ou sur lequel on va prononcer une sentence de mort.

Le jour fatal arriva ; il fallut partir pour Versailles plus mort que vif. On n'a rien vu quand on n'a pas vu la pompe de Versailles. La chose alla bien tant que je n'eus qu'à traverser les salles des gardes : l'appareil militaire m'a toujours plu et ne m'a jamais imposé. Mais quand j'entrai dans l'Œil-de-Bœuf [1] et que je me trouvai au milieu des courtisans, alors commença ma détresse. On me regardait ; j'entendais demander qui j'étais.

Lorsqu'on annonça le lever du roi, les personnes non présentées se retirèrent ; je sentis un mouvement de vanité : je n'étais pas fier de rester, j'aurais été humilié de sortir. La chambre à coucher du roi s'ouvrit : je vis le roi, selon l'usage, achever sa toilette, c'est-à-dire prendre son chapeau de la main du premier gentilhomme de service. Le roi s'avança allant à la messe ; je m'inclinai ; le maréchal de Duras me nomma : « Sire, le chevalier de Chateaubriand. » Le roi me regarda, me rendit mon salut, hésita, eut l'air de vouloir s'arrêter pour m'adresser

1. Antichambre, au château de Versailles, où les courtisans attendaient le lever du roi.

la parole. J'aurais répondu d'une contenance assurée : ma timidité s'était évanouie. Parler au général de l'armée, au chef de l'État, me paraissait tout simple, sans que je me rendisse compte de ce que j'éprouvais. Le roi, plus embarrassé que moi, ne trouvant rien à me dire, passa outre. Vanité des destinées humaines ! Ce souverain que je voyais pour la première fois, ce monarque si puissant était Louis XVI à six ans de son échafaud !

Le duc de Coigny me fit prévenir que je chasserais avec le roi dans la forêt de Saint-Germain. Je m'acheminai de grand matin vers mon supplice, en uniforme de *débutant*, habit gris, veste et culotte rouges, manchettes de bottes, bottes à l'écuyère, couteau de chasse au côté, petit chapeau français à galon d'or. Nous nous trouvâmes quatre *débutants* au château de Versailles. Le duc de Coigny nous donna nos instructions : il nous avisa de ne pas couper la chasse, le roi s'emportant lorsqu'on passait entre lui et la bête.

Nous arrivâmes au point de ralliement où de nombreux chevaux de selle tenus en main sous les arbres témoignaient leur impatience. Les carrosses arrêtés dans la forêt avec les gardes ; les groupes d'hommes et de femmes ; les meutes à peine contenues par les piqueurs ; les aboiements des chiens, le hennissement des chevaux, le bruit des cors, formaient une scène très animée.

Au descendu des carrosses, je présentai mon billet aux piqueurs. On m'avait destiné une jument appelée l'*Heureuse*, bête légère, mais sans bouche, ombrageuse et pleine de caprices ; assez vive image de ma fortune, qui chauvit sans cesse des oreilles[1]. Le roi, mis en selle, partit ; la chasse le suivit, prenant diverses routes. Je restai derrière à me débattre avec l'*Heureuse*, qui ne voulait pas se laisser enfourcher par son nouveau maître ; je finis cependant par m'élancer sur son dos : la chasse était déjà loin.

Je maîtrisai d'abord assez bien l'*Heureuse* ; forcée de raccourcir son galop, elle baissait le cou, secouait le mors blanchi d'écume, s'avançait de travers à petits bonds ; mais lorsqu'elle approcha du lieu de l'action, il n'y eut plus moyen de la retenir. Elle allonge le chanfrein, m'abat la main sur le garrot, vient au grand galop donner dans une troupe de chasseurs, écartant tout sur son passage, ne s'arrêtant qu'au heurt du cheval d'une femme qu'elle faillit culbuter, au milieu des éclats de rire des uns, des cris de frayeur des autres. Il ne fut plus question que de l'*aventure* du débutant.

Je n'étais pas au bout de mes épreuves. Environ une demi-heure après ma déconvenue, je chevauchais dans une longue percée à travers des parties de bois désertes ; un pavillon s'élevait au bout : un coup de fusil part ; l'*Heureuse* tourne court, brosse tête baissée dans le fourré et me porte juste à l'endroit où le chevreuil venait d'être abattu : le roi paraît.

1. Chauvir : dresser les oreilles comme un cheval menaçant.

Je me souvins alors, mais trop tard, des injonctions du duc de Coigny : la maudite *Heureuse* avait tout fait. Je saute à terre, d'une main poussant en arrière ma cavale, de l'autre tenant mon chapeau bas. Le roi regarde, et ne voit qu'un débutant arrivé avant lui aux fins de la bête ; il avait besoin de parler ; au lieu de s'emporter, il me dit avec un ton de bonhomie et un gros rire : « Il n'a pas tenu longtemps. » C'est le seul mot que j'aie jamais obtenu de Louis XVI. On vint de toutes parts ; on fut étonné de me trouver *causant* avec le roi. Le débutant Chateaubriand fit du bruit par ses deux *aventures* ; mais, comme il lui est toujours arrivé depuis, il ne sut profiter ni de la bonne ni de la mauvaise fortune.

On reprit le chemin de Versailles. Je me jetai au fond de ma voiture et rentrai dans Paris plein de joie d'être délivré de mes honneurs et de mes maux. Je déclarai à mon frère que j'étais déterminé à retourner en Bretagne.

Telle fut ma première vue de la ville et de la Cour. La société me parut plus odieuse encore que je ne l'avais imaginé ; mais si elle m'effraya, elle ne me découragea pas ; je sentis confusément que j'étais supérieur à ce que j'avais aperçu. Je pris pour la Cour un dégoût invincible ; ce dégoût, ou plutôt ce mépris que je n'ai pu cacher, m'empêchera de réussir, ou me fera tomber du plus haut point de ma carrière.

Pour en finir avec la Cour, je dirai qu'après avoir revu la Bretagne et m'être venu fixer à Paris avec mes sœurs cadettes, Lucile et Julie, je m'enfonçai plus que jamais dans mes habitudes solitaires.

On me demandera ce que devint l'histoire de ma présentation. Elle resta là. – Vous ne chassâtes donc plus avec le roi ? – Pas plus qu'avec l'empereur de la Chine. – Vous ne tirâtes donc aucun parti de votre position ? – Aucun. – Que faisiez-vous donc ? – Je m'ennuyais.

Propre à tout pour les autres, bon à rien pour moi : me voilà.

Année 1789. – Prise de la Bastille. – Têtes de Foulon et de Bertier. – Séance du 4 août 1789. – Journée du 5 octobre. – Le roi est amené à Paris. – Assemblée constituante. – Bonaparte et moi, sous-lieutenants ignorés. – Je m'embarque à Saint-Malo

Paris, septembre 1821.
Revu en décembre 1846.

L'année 1789, si fameuse dans notre histoire et dans l'histoire de l'espèce humaine, me trouva dans les landes de ma Bretagne ; je ne pus même quitter la province qu'assez tard, et n'arrivai à Paris qu'après l'ouverture des états généraux, la constitution du tiers état en Assemblée nationale, le serment du Jeu de paume, la séance royale du 23 juin, et la réunion du clergé et de la noblesse au tiers état.

Le mouvement était grand sur ma route : dans les villages, les paysans arrêtaient les voitures, demandaient les passeports, interrogeaient les voyageurs. À Paris, les rues étaient encombrées d'une foule qui stationnait à la porte des boulangers ; les passants discouraient au coin des bornes ; les marchands, sortis de leurs boutiques, écoutaient et racontaient des nouvelles devant leurs portes ; au Palais-Royal s'aggloméraient des agitateurs.

À peine fus-je descendu dans un hôtel garni de la rue de Richelieu, qu'une insurrection éclate. Le bruit se répand qu'une armée arrive par l'égout Montmartre, que des dragons vont forcer les barrières. On recommande de dépaver les rues, de monter les pavés au cinquième étage, pour les jeter sur les satellites du tyran : chacun se met à l'œuvre. Les boutiques des fourbisseurs sont enfoncées, et trente mille fusils enlevés aux Invalides. On se pourvoit de piques, de bâtons, de fourches, de sabres, de pistolets. On pille Saint-Lazare[1], on brûle les barrières. Les électeurs de Paris prennent en main le gouvernement de la capitale, et, dans une nuit, soixante mille citoyens sont organisés, armés, équipés en gardes nationales.

Le 14 juillet, prise de la Bastille. J'assistai, comme spectateur, à cet assaut contre quelques invalides et un timide gouverneur : si l'on eût tenu les portes fermées, jamais le peuple ne fût entré dans la forteresse. Je vis tirer deux ou trois coups de canon, non par les invalides mais par des gardes-françaises, déjà montés sur les tours. Le prévôt des marchands, Flesselles, a la tête cassée d'un coup de pistolet : c'est ce spectacle que des béats sans cœur trouvaient si beau. Au milieu de ces meurtres on se livrait à des orgies. On promenait dans des fiacres les *vainqueurs de la Bastille*, ivrognes heureux, déclarés conqué-

1. À l'époque, cette ancienne léproserie était une prison réservée aux fils de famille.

rants au cabaret; des prostituées et des *sans-culottes* commençaient à régner, et leur faisaient escorte. Les passants se découvraient, avec le respect de la peur, devant ces héros, dont quelques-uns moururent de fatigue au milieu de leur triomphe. Les clefs de la Bastille se multiplièrent; on en envoya à tous les niais d'importance dans les quatre parties du monde. En rasant une forteresse d'État, le peuple crut briser le joug militaire, et prit l'engagement tacite de remplacer l'armée qu'il licenciait: on sait quels prodiges enfanta le peuple devenu soldat.

Réveillé au bruit de la chute de la Bastille comme au bruit avant-coureur de la chute du trône, Versailles avait passé de la jactance à l'abattement. Le roi accourt à l'Assemblée nationale, prononce un discours dans le fauteuil même du président; il annonce l'ordre donné aux troupes de s'éloigner, et retourne à son palais au milieu des bénédictions; parades inutiles! La liberté qui capitule, ou le pouvoir qui se dégrade, n'obtient point merci de ses ennemis.

Tout se dispersa; les courtisans partirent pour Bâle, Lausanne, Luxembourg et Bruxelles. Le comte d'Artois[1], ses fils, émigrèrent; ils entraînèrent le haut clergé et une partie de la noblesse. Les officiers, menacés par leurs soldats insurgés, cédèrent au torrent qui les charriait hors. Louis XVI demeura seul devant la nation avec ses deux enfants

1. Le futur Charles X.

et quelques femmes, la reine, *Mesdames* et Mme Élisabeth[1].

Louis XVI vint à l'Hôtel de Ville le 17. Il mit à son chapeau une énorme cocarde tricolore ; on le déclara, sur place, *honnête homme, père des Français, roi d'un peuple libre*, lequel peuple se préparait, en vertu de sa liberté, à abattre la tête de cet honnête homme, son père et son roi.

Peu de jours après ce raccommodement, j'étais aux fenêtres de mon hôtel garni avec mes sœurs et quelques Bretons. Nous entendons crier : « Fermez les portes ! Fermez les portes ! » Un groupe de déguenillés arrive par un des bouts de la rue ; du milieu de ce groupe s'élevaient deux étendards que nous ne voyions pas bien de loin. Lorsqu'ils s'avancèrent, nous distinguâmes deux têtes échevelées et défigurées, que les devanciers de Marat portaient chacune au bout d'une pique : c'étaient les têtes de MM. Foulon et Bertier[2]. Tout le monde se retira des fenêtres ; j'y restai. Les assassins s'arrêtèrent devant moi, me tendirent les piques en chantant, en faisant des gambades, en sautant pour approcher de mon visage les pâles effigies. L'œil d'une de ces têtes, sorti de son orbite, descendait sur le visage obscur du mort ; la pique traversait la bouche ouverte dont les dents mordaient le fer : « Bri-

1. Respectivement tantes et sœur de Louis XVI.

2. L'intendant des Finances et son gendre, intendant de Paris.

gands ! m'écriai-je, plein d'une indignation que je ne pus contenir ; est-ce comme cela que vous entendez la liberté ? » Si j'avais eu un fusil, j'aurais tiré sur ces misérables comme sur des loups.

Ils poussèrent des hurlements, frappèrent à coups redoublés à la porte cochère pour l'enfoncer, et joindre ma tête à celles de leurs victimes. Mes sœurs se trouvèrent mal. Les poltrons de l'hôtel m'accablèrent de reproches. Les massacreurs, qu'on poursuivait, n'eurent pas le temps d'envahir la maison et s'éloignèrent. Ces têtes, et d'autres que je rencontrai bientôt après, changèrent mes dispositions politiques ; j'eus horreur des festins de cannibales et l'idée de quitter la France pour quelque pays lointain germa dans mon esprit.

La monarchie fut démolie à l'instar de la Bastille, dans la séance du soir de l'Assemblée nationale du 4 août. Ceux qui, par haine du passé, crient aujourd'hui contre la noblesse, oublient que ce fut un membre de cette noblesse, le vicomte de Noailles, qui renversa l'édifice, objet des préventions révolutionnaires. Sur la motion du député féodal, les droits féodaux furent abolis. Les plus grands coups portés à l'antique constitution de l'État le furent par des gentilshommes. Comme la vieille France avait dû sa gloire à la noblesse française, la jeune France lui doit sa liberté, si liberté il y a pour la France.

Le 5 octobre arrive. Je ne fus point témoin des événements de cette journée. Le récit en parvint de bonne heure, le 6, dans la capitale. On nous annonce, en même temps, une visite du roi. Je courus aux Champs-Élysées : d'abord parurent des canons, sur lesquels des harpies, des larronnesses, des filles de joie montées à califourchon, tenaient les propos les plus obscènes et faisaient les gestes les plus immondes. Puis, au milieu d'une horde de tout âge et de tout sexe, marchaient à pied les gardes-du-corps, ayant changé de chapeaux, d'épées et de baudriers avec les gardes nationaux : chacun de leurs chevaux portait deux ou trois poissardes, sales bacchantes ivres et débraillées. Ensuite venait la députation de l'Assemblée nationale ; les voitures du roi suivaient : elles roulaient dans l'obscurité poudreuse d'une forêt de piques et de baïonnettes. Des chiffonniers en lambeaux, des bouchers, tablier sanglant aux cuisses, couteaux nus à la ceinture, manches de chemise retroussées, cheminaient aux portières. On tirait des coups de fusil et de pistolet ; on criait : *Voici le boulanger, la boulangère et le petit mitron !*

L'astronome Bailly[1] déclara à Louis XVI, dans l'Hôtel de Ville, que le peuple *humain, respectueux et fidèle*, venait de *conquérir* son roi, et le roi de son côté, *fort touché et fort content*, déclara qu'il était venu à Paris de son plein gré : indignes faussetés de la violence et de la peur qui déshonoraient alors tous les partis et tous les hommes. Louis XVI n'était pas

1. Jean-Sylvain Bailly, nommé maire de Paris après la prise de la Bastille.

faux : il était faible. La faiblesse n'est pas la fausseté, mais elle en tient lieu et elle en remplit les fonctions.

Les députés quittèrent Versailles et tinrent leur première séance le 19 octobre dans une des salles de l'archevêché. Le 9 novembre, ils se transportèrent dans l'enceinte du Manège, près des Tuileries.

L'Assemblée constituante, malgré ce qui peut lui être reproché, n'en reste pas moins la plus illustre congrégation populaire qui jamais ait paru chez les nations, tant par la grandeur de ses transactions, que par l'immensité de leurs résultats. Il n'y a si haute question politique qu'elle n'ait touchée et convenablement résolue. Que serait-ce, si elle s'en fût tenue aux cahiers des états généraux et n'eût pas essayé d'aller au-delà ! Tout ce que l'expérience et l'intelligence humaine avaient conçu, découvert et élaboré pendant trois siècles, se trouve dans ces cahiers. Les abus divers de l'ancienne monarchie y sont indiqués et les remèdes proposés[1] ; tous les genres de liberté sont réclamés, même la liberté de la presse ; toutes les améliorations demandées, pour l'industrie, les manufactures, le commerce, les chemins, l'armée, l'impôt, les finances, les écoles, l'éducation publique, etc.

Les séances de l'Assemblée offraient un intérêt dont les séances de nos *chambres* sont loin d'approcher. On se levait de bonne heure pour trouver

1. Parmi lesquels la Déclaration des droits de l'homme et du citoyen, le 26 août 1789.

place dans les tribunes encombrées. Les députés arrivaient en mangeant, causant, gesticulant; ils se groupaient dans les diverses parties de la salle, selon leurs opinions. Lecture du procès-verbal; après cette lecture, développement du sujet convenu, ou motion extraordinaire. Il ne s'agissait pas de quelque article insipide de loi; rarement une destruction manquait d'être à l'ordre du jour. On parlait pour ou contre; tout le monde improvisait bien ou mal. Les débats devenaient orageux; les tribunes se mêlaient à la discussion, applaudissaient et glorifiaient, sifflaient et huaient les orateurs.

Bientôt ce fracas était étouffé par un autre: des pétitionnaires, armés de piques, paraissaient à la barre: «Le peuple meurt de faim, disaient-ils; il est temps de prendre des mesures contre les aristocrates et de s'élever *à la hauteur des circonstances.*» Le président assurait ces citoyens de son respect: «On a l'œil sur les traîtres, répondait-il, et l'Assemblée fera justice.» Là-dessus, nouveau vacarme: les députés de droite s'écriaient qu'on allait à l'anarchie; les députés de gauche répliquaient que le peuple était libre d'exprimer sa volonté, qu'il avait le droit de se plaindre des fauteurs du despotisme, assis jusque dans le sein de la représentation nationale: ils désignaient ainsi leurs collègues à ce peuple souverain, qui les attendait au réverbère.

L'année 1790 compléta les mesures ébauchées de l'année 1789. Le bien de l'Église, mis d'abord sous la main de la nation, fut confisqué, la constitution civile du clergé décrétée, la noblesse abolie. Je n'avais ni adopté ni rejeté les nouvelles opinions; aussi peu disposé à les attaquer qu'à les servir, je ne voulus ni émigrer ni continuer la carrière militaire: je me retirai.

Une idée me dominait, l'idée de passer aux États-Unis: il fallait un but utile à mon voyage; je me proposais de découvrir le passage au nord-ouest de l'Amérique[1]. Ce projet n'était pas dégagé de ma nature poétique. Personne ne s'occupait de moi; j'étais alors, ainsi que Bonaparte, un mince sous-lieutenant tout à fait inconnu; nous partions, l'un et l'autre, de l'obscurité à la même époque, moi pour chercher ma renommée dans la solitude, lui sa gloire parmi les hommes. Or, ne m'étant attaché à aucune femme, ma sylphide obsédait encore mon imagination. Je me faisais une félicité de réaliser avec elle mes courses fantastiques dans les forêts du Nouveau Monde. Par l'influence d'une autre nature, ma fleur d'amour, mon fantôme sans nom des bois de l'Armorique, est devenue Atala sous les ombrages de la Floride.

Au mois de janvier 1791, je pris sérieusement mon parti. Le chaos augmentait: il suffisait de porter un nom *aristocrate* pour être exposé aux persécutions: plus votre opinion était consciencieuse et modérée, plus elle était suspecte et poursuivie. Je résolus donc de lever mes tentes. Je choisis Saint-

1. Voir page 75.

Malo pour m'embarquer, afin d'embrasser ma mère.

Je fis marché avec un capitaine, nommé Desjardins : il devait transporter à Baltimore plusieurs séminaristes, sous la conduite de leur chef. Ces compagnons de voyage m'auraient mieux convenu quatre ans plus tôt : de chrétien zélé que j'avais été, j'étais devenu un esprit fort, c'est-à-dire un esprit faible.

Je n'emportais que ma jeunesse et mes illusions ; je désertais un monde dont j'avais foulé la poussière et compté les étoiles, pour un monde de qui la terre et le ciel m'étaient inconnus.

Ici changent mes destinées : « Encore à la mer ! *Again to sea !* » (Byron[1].)

1 *Childe Harold*, chant III, strophe 2.

Traversée de l'Océan. – Côtes de la Virginie.
– J'aborde en Amérique. – Philadelphie.
– Le général Washington.
– Parallèle de Washington et de Bonaparte

Londres, d'avril à septembre 1822.

Il est difficile aux personnes qui n'ont jamais navigué de se faire une idée des sentiments qu'on éprouve lorsque, du bord d'un vaisseau, on n'aperçoit de toute part que la face sérieuse de l'abîme. Il y a dans la vie périlleuse du marin une indépendance qui tient de l'absence de la terre ; on laisse sur le rivage les passions des hommes ; entre le monde que l'on quitte et celui que l'on cherche, on n'a pour amour et pour patrie que l'élément sur lequel on est porté : plus de devoirs à remplir, plus de visites à rendre, plus de journaux, plus de politique.

Le matelot ne sait où la mort le surprendra, à quel bord il laissera sa vie : peut-être, quand il aura mêlé au vent son dernier soupir, sera-t-il lancé au sein des flots attaché sur deux avirons, pour continuer son voyage ; peut-être sera-t-il enterré dans un îlot désert que l'on ne retrouvera jamais, ainsi qu'il a dormi isolé dans son hamac, au milieu de l'océan.

Le maître de l'équipage de mon vaisseau malouin était un ancien subrécargue, appelé Pierre Villeneuve, dont le nom seul me plaisait à cause de la bonne Villeneuve. Il avait servi dans l'Inde et en Amérique. Je le faisais parler des Indiens, des Nègres, des colons. Je lui demandais comment étaient habillés les peuples, comment les arbres faits, quelle couleur avaient la terre et le ciel, quel goût les fruits; si les ananas étaient meilleurs que les pêches, les palmiers plus beaux que les chênes.

La cloche interrompait nos conversations; elle réglait les quarts, l'heure de l'habillement, celle de la revue, celle des repas.

Au repas du midi et du soir, les matelots, assis en rond autour des gamelles, plongeaient l'un après l'autre, régulièrement et sans fraude, leur cuiller d'étain dans la soupe flottante au roulis. Les passagers mangeaient dans la chambre du capitaine.

Enveloppé de mon manteau, je me couchais la nuit sur le tillac. Mes regards contemplaient les étoiles au-dessus de ma tête. La voile enflée me renvoyait la fraîcheur de la brise qui me berçait sous le dôme céleste: à demi assoupi et poussé par le vent, je changeais de ciel en changeant de rêve.

Les calmes nous arrêtèrent à une petite distance des côtes du Maryland et de la Virginie. Nous aperçûmes la terre. Le cœur me battit quand le capitaine me la montra: l'Amérique! Elle était à peine délinéée par la cime de quelques érables sortant de l'eau. Nous entrâmes dans la baie de Chesapeake. Le soir même, on envoya une chaloupe chercher des vivres frais. Je me joignis au parti et bientôt je foulai le sol américain.

Promenant mes regards autour de moi, je demeurai quelques instants immobile. Ce continent peut-être ignoré pendant la durée des temps anciens et un grand nombre de siècles modernes ; les premières destinées sauvages de ce continent, et ses secondes destinées depuis l'arrivée de Christophe Colomb ; la domination des monarchies de l'Europe ébranlée dans ce nouveau monde ; la vieille société finissant dans la jeune Amérique ; une république d'un genre inconnu annonçant un changement dans l'esprit humain ; la part que mon pays avait eue à ces événements, ces mers et ces rivages devant en partie leur indépendance au pavillon et au sang français ; les États-Unis renvoyant à la France la révolution que la France avait soutenue de ses armes ; enfin mes propres desseins, ma muse vierge que je venais livrer à la passion d'une nouvelle nature ; les découvertes que je voulais tenter dans ces déserts, lesquels étendaient encore leur large royaume derrière l'étroit empire d'une civilisation étrangère : telles étaient les choses qui roulaient dans mon esprit.

Nous nous avançâmes vers une habitation. La maison, où nous arrivâmes au bout d'une demi-heure, tenait de la ferme d'un Anglais et de la case d'un créole. Une Négresse de treize à quatorze ans, presque nue et d'une beauté singulière, nous ouvrit la barrière de l'enclos. Nous achetâmes des gâteaux de maïs, des poules, des œufs, du lait et nous retournâmes au bâtiment avec nos dames-jeannes et nos paniers. Je donnai mon mouchoir de soie à la petite Africaine : ce fut une esclave qui me reçut sur la terre de la liberté.

On désancra pour gagner la rade et le port de Baltimore. J'arrêtai ma place au *stage-coach* qui faisait trois fois la semaine le voyage de Pennsylvanie. À quatre heures du matin, j'y montai, et me voilà roulant sur les chemins du Nouveau Monde.

Lorsque j'arrivai à Philadelphie, le général Washington n'y était pas ; je fus obligé de l'attendre une huitaine de jours. Une petite maison, ressemblant aux maisons voisines était le palais du président des États-Unis : point de gardes ; pas même de valets. Je frappai ; une jeune servante ouvrit. Je lui demandai si le général était chez lui ; elle me répondit qu'il y était. Je répliquai que j'avais une lettre à lui remettre. La servante m'introduisit dans un parloir où elle me pria d'attendre le général. Au bout de quelques minutes, le général entra : d'une grande taille, d'un air calme et froid plutôt que noble, il est ressemblant dans ses gravures. Je lui présentai ma lettre en silence.

Nous nous assîmes. Je lui expliquai tant bien que mal le motif de mon voyage. Il me répondait par monosyllabes anglais et français, et m'écoutait avec une sorte d'étonnement ; je m'en aperçus, et je lui dis avec un peu de vivacité : « Mais il est moins difficile de découvrir le passage du nord-ouest que de créer un peuple comme vous l'avez fait. – *Well, well, young man!* Bien, bien, jeune homme!» s'écria-t-il en me tendant la main. Il m'invita à dîner pour le jour suivant, et nous nous quittâmes.

Je n'eus garde de manquer au rendez-vous. Nous n'étions que cinq ou six convives. La conversation roula sur la Révolution française. Le général nous montra une clef de la Bastille. Ces clefs étaient des jouets assez niais qu'on se distribuait alors. Si Washington avait vu dans les ruisseaux de Paris les *vainqueurs de la Bastille*, il aurait moins respecté sa relique.

Telle fut ma rencontre avec le soldat citoyen, libérateur d'un monde. Washington est descendu dans la tombe avant qu'un peu de bruit se soit attaché à mes pas; j'ai passé devant lui comme l'être le plus inconnu; il était dans tout son éclat, moi dans toute mon obscurité; mon nom n'est peut-être pas demeuré un jour entier dans sa mémoire: heureux pourtant que ses regards soient tombés sur moi! je m'en suis senti échauffé le reste de ma vie: il y a une vertu dans les regards d'un grand homme.

Bonaparte achève à peine de mourir. Puisque je viens de heurter à la porte de Washington, le parallèle entre le fondateur des États-Unis et l'empereur des Français se présente naturellement à mon esprit; d'autant mieux, qu'au moment où je trace ces lignes, Washington lui-même n'est plus.

Washington n'appartient pas, comme Bonaparte, à cette race qui dépasse la stature humaine. Rien d'étonnant ne s'attache à sa personne ; il n'est point placé sur un vaste théâtre ; il n'est point aux prises avec les capitaines les plus habiles, et les plus puissants monarques du temps ; il ne court point de Memphis à Vienne, de Cadix à Moscou : il se défend avec une poignée de citoyens sur une terre sans célébrité, dans le cercle étroit des foyers domestiques.

Quelque chose de silencieux enveloppe les actions de Washington ; il agit avec lenteur ; on dirait qu'il se sent chargé de la liberté de l'avenir, et qu'il craint de la compromettre. Ce ne sont pas ses destinées que porte ce héros d'une nouvelle espèce : ce sont celles de son pays, il ne se permet pas de jouer ce qui ne lui appartient pas ; mais de cette profonde humilité quelle lumière va jaillir ! Cherchez les bois où brilla l'épée de Washington : qu'y trouvez-vous ? Des tombeaux ? Non ; un monde ! Washington a laissé les États-Unis pour trophée sur son champ de bataille.

Bonaparte n'a aucun trait de ce grave Américain : il combat avec fracas sur une vieille terre ; il ne veut créer que sa renommée ; il ne se charge que de son propre sort. Il semble savoir que sa mission sera courte, que le torrent qui descend de si haut s'écoulera vite ; il se hâte de jouir et d'abuser de sa gloire, comme d'une jeunesse fugitive. Il paraît sur tous les rivages ; il inscrit précipitamment son nom dans les fastes de tous les peuples ; il jette des couronnes à sa famille et à ses soldats ; il se dépêche dans ses monuments, dans ses lois, dans ses victoires. Penché sur le monde, d'une main il terrasse les rois, de l'autre il abat le géant révolutionnaire ; mais, en écrasant l'anarchie, il étouffe la liberté, et finit par perdre la sienne sur son dernier champ de bataille.

Chacun est récompensé selon ses œuvres : Washington élève une nation à l'indépendance ; magistrat en repos, il s'endort sous son toit au milieu des regrets de ses compatriotes et de la vénération des peuples.

Bonaparte ravit à une nation son indépendance : empereur déchu, il est précipité dans l'exil, où la frayeur de la terre ne le croit pas encore assez emprisonné sous la garde de l'océan. Il expire : cette nouvelle publiée à la porte du palais devant laquelle le conquérant fit proclamer tant de funérailles, n'arrête, ni n'étonne le passant : qu'avaient à pleurer les citoyens ? Les hommes ne furent à ses yeux qu'un moyen de puissance ; aucune sympathie ne s'établit entre leur bonheur et le sien : il avait promis de les délivrer, il les enchaîna ; il s'isola d'eux, ils s'éloignèrent de lui. Les rois d'Égypte plaçaient leurs pyramides funèbres, non parmi des campagnes florissantes, mais au milieu des sables stériles ; ces grands tombeaux s'élèvent comme l'éternité dans la solitude : Bonaparte a bâti à leur image le monument de sa renommée.

Voyage de Philadelphie à New York et à Boston. – Albany. – M. Swift. – Départ pour la cataracte de Niagara avec un guide hollandais. – Mon accoutrement sauvage. – M. Violet. – Cataracte de Niagara

Londres, d'avril à septembre 1822.
Revu en décembre 1846.

J'étais impatient de continuer mon voyage. Ce n'étaient pas les Américains que j'étais venu voir, mais quelque chose de tout à fait différent des hommes que je connaissais, quelque chose plus d'accord avec l'ordre habituel de mes idées ; je brûlais de me jeter dans une entreprise pour laquelle je n'avais rien de préparé que mon imagination et mon courage. Quand je formai le projet de découvrir le passage au nord-ouest, on ignorait si l'Amérique septentrionale s'étendait sous le pôle en rejoignant le Groenland, ou si elle se terminait à quelque mer contiguë à la baie d'Hudson et au détroit de Behring. Ainsi donc, je voulais marcher à l'ouest, de manière à intersecter la côte nord-ouest au-dessus du golfe de Californie ; de là, suivant le profil du continent, et toujours en vue de la mer, je prétendais reconnaître le détroit de Behring, doubler le dernier cap septentrional de l'Amérique, descendre à l'est le long des rivages de la mer polaire, et rentrer dans les États-Unis par la baie d'Hudson, le Labrador et le Canada.

Quels moyens avais-je d'exécuter cette prodigieuse pérégrination ? aucun. Je ne trouvai aucun encouragement à Philadelphie. J'entrevis dès lors que le but de ce premier voyage serait manqué, et que ma course ne serait que le prélude d'un second et plus long voyage. En attendant l'avenir, je promis à la poésie ce qui serait perdu pour la science. En effet, si je ne rencontrai pas en Amérique ce que j'y cherchais, le monde polaire, j'y rencontrai une nouvelle muse.

Un *stage-coach* me conduisit de Philadelphie à New York, ville gaie, peuplée, commerçante, qui cependant était loin d'être ce qu'elle est aujourd'hui, loin de ce qu'elle sera dans quelques années : car les États-Unis croissent plus vite que ce manuscrit.

Je m'embarquai à New York sur le paquebot qui faisait voile pour Albany. Arrivé à Albany, j'allai chercher un M. Swift, pour lequel on m'avait donné une lettre. Ce M. Swift trafiquait de pelleteries avec les tribus indiennes enclavées dans le territoire cédé par l'Angleterre aux États-Unis ; car les puissances civilisées, républicaines et monarchiques, se partagent sans façon en Amérique des terres qui ne leur appartiennent pas. Après m'avoir entendu, M. Swift me fit des objections très raisonnables. Il me dit que je ne pouvais pas entreprendre de prime abord, seul, sans secours, sans appui, sans recommandation pour les postes anglais, américains, espagnols, où je serais forcé de passer, un voyage de cette importance ; que, quand j'aurais le bonheur de traverser tant de solitudes, j'arriverais à des régions glacées où je périrais de froid et de faim : il me conseilla de commencer par m'acclimater, m'invita à apprendre le sioux, l'iroquois et l'esquimau, à vivre au milieu des *coureurs de bois* et des agents de la compagnie de la baie d'Hudson. Ces expériences préliminaires faites, je pourrais alors, dans quatre ou cinq ans, avec l'assistance du gouvernement français, procéder à ma hasardeuse mission.

Ces conseils, dont au fond je reconnaissais la justesse, me contrariaient. Si je m'en étais cru, je serais parti tout droit pour aller au pôle, comme on va de Paris à Pontoise. Je cachai à M. Swift mon déplaisir ; je le priai de me procurer un guide et des chevaux pour me rendre à Niagara et à Pittsburgh : à Pittsburgh, je descendrais l'Ohio et je recueillerais des notions utiles à mes futurs projets. J'avais toujours dans la tête mon premier plan de route.

M. Swift engagea à mon service un Hollandais qui parlait plusieurs dialectes indiens. J'achetai deux chevaux et je quittai Albany. Lorsque, après avoir passé le Mohawk[1], j'entrai dans des bois qui

1. Affluent de l'Hudson.

n'avaient jamais été abattus, je fus pris d'une sorte d'ivresse d'indépendance : j'allais d'arbre en arbre, à gauche, à droite, me disant : « Ici plus de chemins, plus de villes, plus de monarchie, plus de république, plus de présidents, plus de rois, plus d'hommes. » Et, pour essayer si j'étais rétabli dans mes droits originels, je me livrais à des actes de volonté qui faisaient enrager mon guide, lequel, dans son âme, me croyait fou.

Hélas ! je me figurais être seul dans cette forêt où je levais une tête si fière ! tout à coup, je viens m'énaser[1] contre un hangar. Sous ce hangar s'offrent à mes yeux ébaubis les premiers sauvages que j'aie vus de ma vie. Ils étaient une vingtaine, tant hommes que femmes, tous barbouillés comme des sorciers, le corps demi-nu, les oreilles découpées, des plumes de corbeau sur la tête et des anneaux passés dans les narines. Un petit Français, poudré et frisé, habit vert pomme, veste de droguet, jabot et manchettes de mousseline, raclait un violon de poche et faisait danser *Madelon Friquet* à ces Iroquois. M. Violet (c'était son nom) était maître de danse chez les sauvages. On lui payait ses leçons en peaux de castor et en jambons d'ours. Il avait été marmiton au service du général Rochambeau, pendant la guerre d'Amérique. Demeuré à New York après le départ de notre armée, il se résolut d'enseigner les beaux-arts aux Américains.

1. M'écraser le nez.

Ses vues s'étant agrandies avec le succès, le nouvel Orphée porta la civilisation jusque chez les hordes sauvages du Nouveau Monde. En me parlant des Indiens, il me disait toujours : « Ces messieurs sauvages et ces dames sauvagesses. » Il se louait beaucoup de la légèreté de ses écoliers ; en effet, je n'ai jamais vu faire de telles gambades. M. Violet, tenant son petit violon entre son menton et sa poitrine, accordait l'instrument fatal ; il criait aux Iroquois : « À vos places ! » Et toute la troupe sautait comme une bande de démons. N'était-ce pas une chose accablante pour un disciple de Rousseau que cette introduction à la vie sauvage par un bal que l'ancien marmiton du général Rochambeau donnait à des Iroquois ? J'avais grande envie de rire, mais j'étais cruellement humilié.

J'achetai des Indiens un habillement complet : deux peaux d'ours, l'une pour demi-toge, l'autre pour lit. Je joignis à mon nouvel accoutrement la calotte de drap rouge à côtes, la casaque, la ceinture, la corne pour rappeler les chiens, la bandoulière des coureurs de bois. Mes cheveux flottaient sur mon cou découvert ; je portais la barbe longue : j'avais du sauvage, du chasseur et du missionnaire.

Nous voilà, mon guide et moi, remontés à cheval. Nous avançâmes vers Niagara. À six milles de distance, une colonne de vapeur m'indiquait déjà le lieu du déversoir. Le cœur me battait d'une joie mêlée de terreur en entrant dans le bois qui me dérobait la vue d'un des plus grands spectacles que la nature ait offerts aux hommes.

Nous mîmes pied à terre. Tirant après nous nos chevaux par la bride, nous parvînmes, à travers des brandes et des halliers, au bord de la rivière Niagara, sept ou huit cents pas au-dessus du Saut. Comme je m'avançais incessamment, le guide me saisit par le bras; il m'arrêta au ras même de l'eau, qui passait avec la vélocité d'une flèche. Elle ne bouillonnait point, elle glissait en une seule masse sur la pente du roc; son silence avant sa chute formait contraste avec le fracas de sa chute même.

Le guide me retenait toujours, car je me sentais pour ainsi dire entraîné par le fleuve, et j'avais une envie involontaire de m'y jeter. Tantôt je portais mes regards en amont, sur le rivage; tantôt en aval, sur l'île qui partageait les eaux et où ces eaux manquaient tout à coup, comme si elles avaient été coupées dans le ciel.

Après un quart d'heure de perplexité et d'une admiration indéfinie, je me rendis à la chute. On peut chercher dans l'*Essai sur les révolutions* et dans *Atala* les deux descriptions que j'en ai faites. Je ne pouvais communiquer les pensées qui m'agitaient à la vue d'un désordre si sublime. Dans le désert de ma première existence, j'ai été obligé d'inventer des personnages pour la décorer; j'ai tiré de ma propre substance des êtres que je ne trouvais pas ailleurs, et que je portais en moi. Ainsi j'ai placé des souvenirs d'Atala et de René aux bords de la cataracte de

Niagara, comme l'expression de sa tristesse. Qu'est-ce qu'une cascade qui tombe éternellement à l'aspect insensible de la terre et du ciel, si la nature humaine n'est là avec ses destinées et ses malheurs ? S'enfoncer dans cette solitude d'eau et de montagnes, et ne savoir avec qui parler de ce grand spectacle ! Les flots, les rochers, les bois, les torrents pour soi seul ! Donnez à l'âme une compagne, et la riante parure des coteaux, et la fraîche haleine de l'onde, tout va devenir ravissement : le voyage du jour, le repos plus doux de la fin de la journée, le passer sur les flots, le dormir sur la mousse, tireront du cœur sa plus profonde tendresse. Alexandre créait des villes partout où il courait : j'ai laissé des songes partout où j'ai traîné ma vie.

Deux Floridiennes. – Arrestation du roi à Varennes. – J'interromps mon voyage pour repasser en Europe. – Les États-Unis aujourd'hui. – Retour en Europe. – Naufrage

Londres, d'avril à septembre 1822.
Revu en décembre 1846.

Mon guide, le Hollandais, refusa de m'accompagner au-delà de la cataracte ; je le payai et m'associai avec des trafiquants qui partaient pour descendre l'Ohio. Nous étions poussés par un vent frais. L'Ohio, grossi de cent rivières, tantôt allait se perdre dans les lacs qui s'ouvraient devant nous, tantôt dans les bois. Des îles s'élevaient au milieu des lacs. Nous fîmes voile vers une des plus grandes : nous l'abordâmes à huit heures du matin.

Les sauvages de la Floride racontent qu'au milieu d'un lac est une île où vivent les plus belles femmes du monde. Cette contrée renfermait aussi une fontaine de Jouvence : qui voudrait revivre ?

Peu s'en fallut que ces fables ne prissent à mes yeux une espèce de réalité. Au moment où nous nous y attendions le moins, nous vîmes sortir d'une baie une flottille de canots, les uns à la rame, les autres à la voile. Ils abordèrent notre île.

Les Indiennes qui débarquèrent auprès de nous, issues d'un sang mêlé de chéroki et de castillan, avaient la taille élevée. Deux d'entre elles ressemblaient à des créoles de Saint-Domingue et de l'Île-de-France[1], mais jaunes et délicates comme des femmes du Gange. Ces deux Floridiennes m'ont servi de modèles, l'une pour Atala, l'autre pour Céluta[2] : elles surpassaient seulement les portraits que j'en ai faits par cette vérité de nature variable et fugitive, par cette physionomie de race et de climat que je n'ai pu rendre. Il y avait quelque chose d'indéfinissable dans ce visage ovale, dans ce teint ombré que l'on croyait voir à travers une fumée orangée et légère, dans ces cheveux si noirs et si doux, dans ces yeux si longs, à demi cachés sous le voile de deux paupières satinées qui s'entrouvraient avec lenteur ; enfin, dans la double séduction de l'Indienne et de l'Espagnole.

Je ne quittais plus mes deux sylvaines : l'une était fière, et l'autre triste. Je n'entendais pas un mot de ce qu'elles me disaient, elles ne me comprenaient pas ; mais j'allais chercher l'eau pour leur coupe, les sarments pour leur feu, les mousses pour leur lit. Elles portaient la jupe courte et les grosses manches tailladées à l'espagnole, le corset et le manteau indiens. Leurs jambes nues étaient losangées de dentelles de bouleau. Elles nattaient leurs cheveux avec des bouquets ou des filaments de joncs ; elles

1. L'actuelle île Maurice.
2. L'épouse du Français René dans *Les Natchez*.

se maillaient de chaînes et de colliers de verre. Je m'amusais à mettre sur leur tête quelque parure : elles se soumettaient, doucement effrayées ; magiciennes, elles croyaient que je leur faisais un charme.

L'une d'elles, la *fière*, priait souvent ; elle me paraissait demi-chrétienne. L'autre chantait avec une voix de velours ; poussant à la fin de chaque phrase musicale un cri qui troublait. Quelquefois, elles se parlaient vivement : je croyais démêler des accents de jalousie, mais la triste pleurait, et le silence revenait.

À midi, le camp fut levé pour examiner des chevaux que les Creeks voulaient vendre et les trafiquants acheter. Femmes et enfants, tous étaient convoqués comme témoins, selon la coutume, dans les marchés solennels. Les étalons de tous les âges et de tous les poils, les poulains et les juments avec des taureaux, des vaches et des génisses, commencèrent à fuir et à galoper autour de nous. Tout à coup, j'aperçois de loin mes deux Floridiennes ; des mains vigoureuses les asseyaient sur les croupes de deux barbes. Les cavales prennent leur course. Mes Floridiennes disparaissent comme la fille de Cérès, enlevée par le dieu des Enfers.

Voilà comme tout avorte dans mon histoire, comme il ne me reste que des images de ce qui a passé si vite : je descendrai aux champs Élysées avec plus d'ombres qu'homme n'en a jamais emmené avec soi. La faute en est à mon organisation : je ne sais profiter d'aucune fortune; je ne m'intéresse à quoi que ce soit de ce qui intéresse les autres. Tout me lasse: je remorque avec peine mon ennui avec mes jours, et je vais partout bâillant ma vie.

La solitude me parut vide après ma mésaventure. Nous repassâmes les montagnes Bleues, et nous rapprochâmes des défrichements européens vers Chillicothi. J'avisai au bord d'un ruisseau une maison américaine, ferme à l'un de ses pignons, moulin à l'autre. J'entrai, demandai le vivre et le couvert, et fus bien reçu.

La meunière coiffa le brasier d'une large marmite. Tandis que les patates de mon souper ébouillaient sous ma garde, je m'amusai à lire à la lueur du feu, en baissant la tête, un journal anglais tombé à terre entre mes jambes: j'aperçus, écrits en grosses lettres, ces mots: *Flight of the king* (Fuite du roi). C'était le récit de l'évasion de Louis XVI et de l'arrestation de l'infortuné monarque à Varennes. Le journal racontait aussi les progrès de l'émigration et la réunion des officiers de l'armée sous le drapeau des princes français. Une conversion subite s'opéra dans mon esprit. Le fracas des armes, le tumulte du monde retentit à mon oreille sous le chaume d'un moulin caché dans des bois inconnus. J'interrompis brusquement ma course, et je me dis: « Retourne en France. »

Ainsi, ce qui me parut un devoir renversa mes premiers desseins, amena la première de ces péripéties dont ma carrière a été marquée. Les Bourbons n'avaient pas besoin qu'un cadet de Bretagne revînt d'outre-mer leur offrir son obscur dévouement, pas plus qu'ils n'ont eu besoin de ses services quand il est sorti de son obscurité. Si, continuant mon voyage, j'eusse allumé ma pipe avec le journal qui a changé ma vie, personne ne se fût aperçu de mon absence; ma vie était alors aussi ignorée et ne pesait pas plus que la fumée de mon calumet. Un simple démêlé entre moi et ma conscience me jeta sur le théâtre du monde. J'eusse pu faire ce que j'aurais voulu, puisque j'étais seul témoin du débat; mais de tous les témoins, c'est celui aux yeux duquel je craindrais le plus de rougir.

Parti pour être voyageur en Amérique, revenu pour être soldat en Europe, je ne fournis jusqu'au bout ni l'une ni l'autre de ces carrières: un mauvais génie m'arracha le bâton et l'épée, et me mit la plume à la main.

Si je revoyais aujourd'hui les États-Unis, je ne les reconnaîtrais plus: là où j'ai laissé des forêts, je trouverais des champs cultivés; là où je me suis frayé un sentier à travers les halliers, je voyagerais sur de grandes routes.

Il se faut représenter des villes comme Boston, New York, Philadelphie, Baltimore, Charleston, Savannah, La Nouvelle-Orléans éclairées la nuit, remplies de chevaux et de voitures, ornées de cafés, de musées, de bibliothèques, de salles de danse et de spectacle, offrant toutes les jouissances du luxe.

L'isolement des États-Unis leur a permis de naître et de grandir: il est douteux qu'ils eussent pu vivre et croître en Europe. La Suisse fédérale subsiste au milieu de nous: pourquoi? parce qu'elle est petite, pauvre, cantonnée au giron des montagnes; pépinière de soldats pour les rois, but de promenade pour les voyageurs.

Séparée de l'Ancien Monde, la population des États-Unis habite encore la solitude; ses déserts ont été sa liberté: mais déjà les conditions de son existence s'altèrent. Les États-Unis, depuis leur émancipation, ont joui, à quelques mois près, de la tranquillité la plus profonde: tandis que cent batailles ébranlaient l'Europe, ils cultivaient leurs champs en sûreté. De là un débordement de population et de richesses, avec tous les inconvénients de la surabondance des richesses et des populations. Ce qui convient à la complexion d'une société libre, c'est un état de paix modéré par la guerre, et un état de guerre attrempé de paix. Les Américains ont déjà porté trop longtemps de suite la couronne d'olivier: l'arbre qui la fournit n'est pas naturel à leur rive.

L'esprit mercantile commence à les envahir; l'intérêt devient chez eux le vice national. Déjà, le jeu des banques des divers États s'entrave, et des banqueroutes menacent la fortune commune. Tant que la liberté produit de l'or, une république industrielle fait des prodiges; mais quand l'or est acquis ou épuisé, elle perd son amour de l'indépendance non fondé sur un sentiment moral, mais provenu de la soif du gain et de la passion de l'industrie.

De plus, il est difficile de créer une *patrie* parmi des États qui n'ont aucune communauté de religion et d'intérêts, qui, sortis de diverses sources en des temps divers, vivent sur un sol différent et sous un différent soleil. Quel rapport y a-t-il entre un Français de la Louisiane, un Espagnol des Florides, un Allemand de New York, un Anglais de la Nouvelle-Angleterre, de la Virginie, de la Caroline, de la Géorgie, tous réputés Américains ? Celui-là léger et duelliste ; celui-là catholique, paresseux et superbe ; celui-là luthérien, laboureur et sans esclaves ; celui-là anglican et planteur avec des Nègres ; celui-là puritain et négociant ; combien faudra-t-il de siècles pour rendre ces éléments homogènes !

L'énorme inégalité des fortunes menace encore plus sérieusement de tuer l'esprit d'égalité. Tel Américain possède un ou deux millions de revenu ; aussi, les Yankees de la grande société ne peuvent-ils déjà plus vivre comme Franklin : le vrai *gentleman*, dégoûté de son pays neuf, vient en Europe chercher du vieux ; on le rencontre dans les auberges, faisant comme les Anglais, avec l'extravagance ou le spleen, des *tours* en Italie. Ces rôdeurs de la Caroline ou de la Virginie achètent des ruines d'abbayes en France, et plantent, à Melun, des jardins anglais avec des arbres américains. Naples envoie à New York ses chanteurs et ses parfumeurs, Paris ses modes et ses baladins, Londres ses grooms et ses boxeurs : joies exotiques qui ne rendent pas l'Union plus gaie.

Revenu du désert à Philadelphie, et ayant écrit à la hâte ce que je viens de raconter, je ne trouvai point les lettres de change que j'attendais ; ce fut le commencement des embarras pécuniaires où j'ai été plongé le reste de ma vie. La fortune et moi nous nous sommes pris en grippe aussitôt que nous nous sommes vus. Le capitaine me donna mon passage à crédit. Le 10 de décembre 1791, je m'embarquai avec plusieurs de mes compatriotes, qui, par divers motifs, retournaient comme moi en France.

Un coup de vent d'ouest nous prit au débouquer[1] de la Delaware, et nous chassa en dix-sept jours à l'autre bord de l'Atlantique. Le soleil ne se montra pas une seule fois. Le vaisseau gouvernant à l'estime, fuyait devant la lame. Je traversai l'Océan au milieu des ombres ; jamais il ne m'avait paru si triste. Moi-même, plus triste, je revenais trompé dès mon premier pas dans la vie. J'éprouvais je ne sais quelle pesanteur de cœur, comme à l'approche d'une grande infortune. Promenant mes regards sur les flots, je leur demandais ma destinée, ou j'écrivais, plus gêné de leur mouvement qu'occupé de leur menace.

1. Ou « débouquement », l'endroit où la rivière débouche dans la baie de la Delaware.

J'avais passé deux nuits à me promener sur le tillac, au glapissement des ondes dans les ténèbres, au bourdonnement du vent dans les cordages, et sous les sauts de la mer qui couvrait et découvrait le pont : c'était tout autour de nous une émeute de vagues. Fatigué des chocs et des heurts, à l'entrée de la troisième nuit, je m'allai coucher. Le temps était horrible ; mon hamac craquait aux coups du flot qui, crevant sur le navire, en disloquait la carcasse. Bientôt j'entends courir d'un bout du pont à l'autre et tomber des paquets de cordages : j'éprouve le mouvement que l'on ressent lorsqu'un vaisseau vire de bord.

En mettant la tête hors de l'entrepont, je fus frappé d'un spectacle sublime. Le bâtiment avait essayé de virer de bord ; mais n'ayant pu y parvenir, il s'était affalé sous le vent. À la lueur de la lune écornée, qui émergeait des nuages pour s'y replonger aussitôt, on découvrait sur les deux bords du navire, à travers une brume jaune, des côtes hérissées de rochers. La mer boursouflait ses flots comme des monts dans le canal où nous nous trouvions engouffrés ; tantôt ils s'épanouissaient en écumes et en étincelles ; tantôt ils n'offraient qu'une surface huileuse et vitreuse, marbrée de taches noires, cuivrées, verdâtres, selon la couleur des bas-fonds sur lesquels ils mugissaient. La proue du navire tranchait la masse épaisse des vagues avec un froissement affreux, et au gouvernail des torrents d'eau s'écoulaient en tourbillonnant, comme à l'échappée d'une écluse. Au milieu de ce fracas, rien n'était aussi alarmant qu'un certain murmure sourd, pareil à celui d'un vase qui se remplit.

Nous étions entrés dans la Manche, sans nous en apercevoir; le vaisseau, bronchant à chaque vague, courait en dérive entre l'île de Guernesey et celle d'Aurigny. Passagers et marins, tous étaient sur le pont, qui accroché aux manœuvres, qui au bordage, qui au cabestan, qui au bec des ancres pour n'être pas balayé de la lame ou versé à la mer par le roulis. Le capitaine criait: «Une hache! Une hache!» pour couper les mâts; et le gouvernail dont le timon avait été abandonné, allait, tournant sur lui-même, avec un bruit rauque.

Un essai restait à tenter: la sonde ne marquait plus que quatre brasses sur un banc de sable qui traversait le chenal; il était possible que la lame nous fît franchir le banc et nous portât dans une eau profonde: mais qui oserait saisir le gouvernail et se charger du salut commun? Un faux coup de barre, nous étions perdus.

Un de ces hommes qui jaillissent des événements et qui sont les enfants spontanés du péril, se trouva: un matelot de New York s'empare de la place désertée du pilote. Il me semble encore le voir en chemise, en pantalon de toile, les pieds nus, les cheveux épars et diluviés[1], tenant le timon dans ses fortes serres, tandis que, la tête tournée, il regar-

1. Ruisselants comme après un déluge.

dait à la poupe l'onde qui devait nous sauver ou nous perdre. Voici venir cette lame embrassant la largeur de la passe, roulant haut sans se briser, ainsi qu'une mer envahissant les flots d'une autre mer : de grands oiseaux blancs, au vol calme, la précèdent comme les oiseaux de la mort. Le navire touchait et talonnait ; il se fit un silence profond ; tous les visages blêmirent. La houle arrive : au moment où elle nous attaque, le matelot donne le coup de barre ; le vaisseau, près de tomber sur le flanc, présente l'arrière, et la lame, qui paraît nous engloutir, nous soulève. On jette la sonde ; elle rapporte vingt-sept brasses. Un huzza[1] monte jusqu'au ciel et nous y joignons le cri de : *Vive le roi !* Il ne fut point entendu de Dieu pour Louis XVI ; il ne profita qu'à nous.

Enfin la marée retirante nous emporta, et nous doublâmes le cap de La Hougue. Je n'éprouvai aucun trouble pendant ce demi-naufrage et ne sentis point de joie d'être sauvé. Mieux vaut déguerpir de la vie quand on est jeune, que d'en être chassé par le temps. Le lendemain, nous entrâmes au Havre. Nos mâts de hune étaient rompus, nos chaloupes emportées, le gaillard d'arrière rasé, et nous embarquions l'eau à chaque tangage. Je descendis à la jetée. Le 2 de janvier 1792, je foulai de nouveau le sol natal qui devait encore fuir sous mes pas.

1. Un hourra.

Mon mariage. – Changement de physionomie de Paris. – J'émigre avec mon frère. – Bruxelles. – L'armée des Princes. – Siège de Thionville. – Entrée à Verdun. – Retraite. – Petite vérole

Londres, d'avril à septembre 1822.
Revu en décembre 1846.

Les révolutions, comme les fleuves, grossissent dans leur cours ; je trouvai celle que j'avais laissée en France énormément élargie et débordant ses rivages ; je l'avais quittée avec Mirabeau sous la *Constituante*, je la retrouvai avec Danton sous la *Législative*.

En me rendant du Havre à Saint-Malo, j'eus lieu de remarquer les divisions et les malheurs de la France : les châteaux brûlés ou abandonnés ; les hameaux et les bourgades gémissaient sous la tyrannie des clubs affiliés au club central des Cordeliers, depuis réuni aux Jacobins. L'antagoniste de celui-ci, la *Société monarchique* ou *des Feuillants*, n'existait plus ; l'ignoble dénomination de *sans-culottes* était devenue populaire ; on n'appelait le roi que *monsieur Veto* ou *mons Capet*.

Je fus reçu tendrement de ma mère et de ma famille, qui cependant déploraient l'inopportunité de mon retour. Mon voyage d'Amérique avait fait brèche à ma fortune; mes propriétés étaient presque anéanties dans mon partage de cadet par la suppression des droits féodaux. Ce concours de circonstances décida de l'acte le plus grave de ma vie: on me maria. Mes sœurs se mirent en tête de me faire épouser Mlle de Lavigne, qui s'était fort attachée à Lucile. C'était une nouvelle connaissance que j'avais à faire, et elle m'apporta tout ce que je pouvais désirer.

Je ne sais s'il a jamais existé une intelligence plus fine que celle de ma femme: elle devine la pensée et la parole à naître sur le front ou sur les lèvres de la personne avec qui elle cause: la tromper en rien est impossible. D'un esprit original et cultivé, écrivant de la manière la plus piquante, racontant à merveille, Mme de Chateaubriand m'admire sans avoir jamais lu deux lignes de mes ouvrages; elle craindrait d'y rencontrer des idées qui ne sont pas les siennes, ou de découvrir qu'on n'a pas assez d'enthousiasme pour ce que je vaux.

Les inconvénients de Mme de Chateaubriand, si elle en a, découlent de la surabondance de ses qualités; mes inconvénients très réels résultent de la stérilité des miennes. Il est aisé d'avoir de la résignation, de la patience, de l'obligeance générale, de la sérénité d'humeur, lorsqu'on ne prend à rien[1], qu'on s'ennuie de tout, qu'on répond au malheur

1. Lorsqu'on ne s'intéresse à rien.

comme au bonheur par un désespéré et désespérant : « Qu'est-ce que cela fait ? »

Mme de Chateaubriand est meilleure que moi, bien que d'un commerce moins facile. Ai-je été irréprochable envers elle ? Ai-je reporté à ma compagne tous les sentiments qu'elle méritait et qui lui devaient appartenir ? S'en est-elle jamais plainte ? Quel bonheur a-t-elle goûté pour salaire d'une affection qui ne s'est jamais démentie ? Elle a subi mes adversités ; elle a été plongée dans les cachots de la Terreur, les persécutions de l'Empire, les disgrâces de la Restauration, et n'a point trouvé dans les joies maternelles le contrepoids de ses chagrins. Privée d'enfants, qu'elle aurait eus peut-être dans une autre union, elle s'est avancée, stérile et solitaire, vers la vieillesse. Timide et tremblante pour moi seul, ses inquiétudes sans cesse renaissantes lui ôtent le sommeil et le temps de guérir ses maux : je suis sa permanente infirmité et la cause de ses rechutes. Qu'est-ce que mes travaux auprès des œuvres de cette chrétienne ? Quand l'un et l'autre nous paraîtrons devant Dieu, c'est moi qui serai condamné.

Somme toute, lorsque je considère l'ensemble et l'imperfection de ma nature, est-il certain que le mariage ait gâté ma destinée ? Aurais-je produit un plus grand nombre d'ouvrages, si j'étais resté indépendant, et ces ouvrages eussent-ils été meilleurs ? Si je ne me fusse pas marié, ma faiblesse ne m'aurait-elle pas livré en proie à quelque indigne créature ? Aujourd'hui que je m'enfonce dans les années, toutes mes folies seraient passées ; il ne m'en resterait que le vide et les regrets : vieux garçon sans estime, ou trompé ou détrompé, vieil oiseau répétant à qui ne l'écouterait pas ma chanson usée. La pleine licence de mes désirs n'aurait pas ajouté une corde de plus à ma lyre, un son plus ému à ma voix.

Je me mariai à la fin de mars 1792, et le 20 avril, l'Assemblée législative déclara la guerre à François II[1], qui venait de succéder à son père Léopold. La guerre précipita le reste de la noblesse hors de France. D'un côté, les persécutions redoublèrent ; de l'autre, il ne fut plus permis aux royalistes de rester à leurs foyers sans être réputés poltrons : il fallut m'acheminer vers le camp que j'étais venu chercher de si loin. Je partis pour Paris avec ma femme et mes sœurs, Lucile et Julie.

Paris n'avait plus, en 1792, la physionomie de 1789 et de 1790 ; ce n'était plus la Révolution naissante, c'était un peuple marchant ivre à ses destins, au travers des abîmes, par des voies égarées. On ne rencontrait dans les rues que des figures effrayées ou farouches, des gens qui se glissaient le long des maisons afin de n'être pas aperçus, ou qui rôdaient cherchant leur proie : des regards peureux et baissés

1. Dernier empereur du Saint Empire romain germanique, ce neveu de Marie-Antoinette sera le premier empereur d'Autriche, un pays qui s'affichait alors comme l'ultime rempart de la monarchie et de la noblesse.

se détournaient de vous, ou d'âpres regards se fixaient sur les vôtres pour vous deviner et vous percer. Les libertés de 1789, ces libertés fantasques et déréglées d'un ordre de choses qui se détruit et qui n'est pas encore l'anarchie, se nivelaient déjà sous le sceptre populaire : on sentait l'approche d'une jeune tyrannie plébéienne, féconde, il est vrai, et remplie d'espérances, mais aussi bien autrement formidable[1] que le despotisme caduc de l'ancienne royauté : car le peuple souverain étant partout, quand il devient tyran, le tyran est partout.

Fidèle à mes instincts, j'étais revenu d'Amérique pour offrir mon épée à Louis XVI, non pour m'associer à des intrigues de parti. Déjà une affaire assez chaude avait eu lieu entre les Français et les Autrichiens, du côté de Mons. Il était plus que temps de prendre une détermination.

Mon frère et moi, nous nous procurâmes de faux passeports pour Lille : nous étions deux marchands de vin, gardes nationaux de Paris, dont nous portions l'uniforme, nous proposant de soumissionner les fournitures pour l'armée. Le jour de notre émigration fut fixé au 15 juillet.

Le 15 juillet, à six heures du matin, nous montâmes en diligence. Arrivés à Lille, nous cherchâmes la personne qui nous devait mener au-delà de la frontière. L'émigration avait ses agents de salut qui devinrent, par le résultat, des agents de perdi-

1. Au sens premier de *redoutable*.

tion. Le parti monarchique était encore puissant, la question non décidée ; les faibles et les poltrons servaient, en attendant l'événement.

Nous sortîmes de Lille avant la fermeture des portes : nous nous arrêtâmes dans une maison écartée, et nous ne nous mîmes en route qu'à dix heures du soir, lorsque la nuit fut tout à fait close ; nous ne portions rien avec nous ; nous avions une petite canne à la main ; il n'y avait pas plus d'un an que je suivais ainsi mon Hollandais dans les forêts américaines.

Nous traversâmes des blés parmi lesquels serpentaient des sentiers à peine tracés. Les patrouilles françaises et autrichiennes battaient la campagne ; nous pouvions tomber dans les unes et dans les autres. Nous entrevîmes de loin des cavaliers isolés, immobiles et l'arme au poing ; nous ouïmes des pas de chevaux dans des chemins creux ; en mettant l'oreille à terre, nous entendîmes le bruit régulier d'une marche d'infanterie. Après trois heures d'une route tantôt faite en courant, tantôt lentement sur la pointe du pied, nous arrivâmes au carrefour d'un bois.

Une compagnie de hulans qui se tenait derrière une haie fondit sur nous le sabre haut. Nous criâmes : « Officiers qui vont rejoindre les Princes ! » Nous demandâmes à être conduits à Tournay, déclarant être en mesure de nous faire reconnaître. Le commandant du poste nous plaça entre ses cavaliers et nous emmena.

Arrivé à Tournay, je laissai mon frère se débattre avec les autorités, et sous la garde d'un soldat je visitai la cathédrale. Mon frère revient après s'être expliqué, à la satisfaction du commandant autrichien. Il nous est permis de nous rendre à Bruxelles.

Bruxelles était le quartier général de la haute émigration : les femmes les plus élégantes de Paris et les hommes les plus à la mode attendaient dans les plaisirs le moment de la victoire. Ils avaient de beaux uniformes tout neufs : ils paradaient de toute la rigueur de leur légèreté. Ils nous regardaient dédaigneusement cheminer à pied, le sac sur le dos, nous, petits gentilshommes de province, ou pauvres officiers devenus soldats.

Cette émigration fate m'était odieuse ; j'avais hâte de voir mes pairs, des émigrés comme moi, à six cents livres de rentes. Mon frère resta à Bruxelles, auprès du baron de Montboissier dont il devint l'aide de camp ; je partis seul. J'allais rejoindre[1] et faire partie de ces hommes de guerre qui mettent leur gloire à de pareilles choses.

L'armée des Princes était composée de gentilshommes, classés par provinces et servant en qualité de simples soldats. Nous avions des tentes ; du reste nous manquions de tout. Nos fusils, de manufacture allemande, armes de rebut, d'une pesanteur effrayante, nous cassaient l'épaule, et souvent

1. Sous entendu « mon corps d'armée ».

n'étaient pas en état de tirer. J'ai fait toute la campagne avec un de ces mousquets dont le chien ne s'abattait pas.

Nous demeurâmes deux jours à Trèves. Je m'asseyais, avec mon fusil, au milieu des ruines ; je tirais de mon havresac le manuscrit de mon voyage en Amérique ; j'en déposais les pages séparées sur l'herbe autour de moi ; je relisais et corrigeais une description de forêt, un passage d'*Atala*, dans les décombres d'un amphithéâtre romain, me préparant ainsi à conquérir la France. Puis, je serrais mon trésor dont le poids, mêlé à celui de mes chemises, de ma capote, de mon bidon de fer-blanc, de ma bouteille clissée et de mon petit Homère, me faisait cracher le sang. J'essayais de fourrer *Atala* avec mes inutiles cartouches dans ma giberne ; mes camarades se moquaient de moi, et arrachaient les feuilles débordantes des deux côtés du couvercle de cuir. La Providence vint à mon secours : une nuit, ayant couché dans un grenier à foin, je ne trouvai plus mes chemises dans mon sac à mon réveil ; on avait laissé les paperasses. Je bénis Dieu : cet accident, en assurant ma gloire, me sauva la vie, car les soixante livres qui gisaient entre mes deux épaules m'auraient rendu poitrinaire.

L'ordre arriva de marcher sur Thionville. Nous faisions cinq à six lieues par jour. Le temps était affreux ; nous cheminions au milieu de la pluie et de la fange, en chantant : *Ô Richard ! ô mon roi !* ou *Pauvre Jacques !*

Une armée est ordinairement composée de soldats à peu près du même âge, de la même taille, de la même force. Bien différente était la nôtre, assemblage confus d'hommes faits, de vieillards, d'enfants descendus de leurs colombiers, jargonnant normand, breton, picard, auvergnat, gascon, provençal, languedocien. Un père servait avec ses fils, un beau-père avec son gendre, un oncle avec ses neveux, un frère avec un frère, un cousin avec un cousin. Cet arrière-ban, tout ridicule qu'il paraissait, avait quelque chose d'honorable et de touchant, parce qu'il était animé de convictions sincères; il offrait le spectacle de la vieille monarchie et donnait une dernière représentation d'un monde qui passait. Toute cette troupe pauvre, ne recevant pas un sou des Princes, faisait la guerre à ses dépens, tandis que les décrets achevaient de la dépouiller et jetaient nos femmes et nos mères dans les cachots.

J'éprouvai un saisissement de cœur, lorsque, arrivés par un jour sombre en vue des bois qui bordaient l'horizon, on nous dit que ces bois étaient en France. Passer en armes la frontière de mon pays me fit un effet que je ne puis rendre: j'eus comme une espèce de révélation de l'avenir, d'autant que je ne partageais aucune des illusions de mes camarades, ni relativement à la cause qu'ils soutenaient, ni pour le triomphe dont ils se berçaient. Il n'y avait pas un chevalier de la Manche, malade, éclopé, coiffé d'un bonnet de nuit sous son castor à trois cornes, qui ne se crût très fermement capable de mettre en fuite, à lui tout seul, cinquante jeunes vigoureux patriotes. Ce respectable et plaisant orgueil, source de prodiges à une autre époque, ne m'avait pas atteint: je ne me sentais pas aussi convaincu de la force de mon invincible bras.

Nous surgîmes invaincus à Thionville, le 1er septembre; car, chemin faisant, nous ne rencontrâmes personne. La cavalerie campa à droite, l'infanterie à gauche du grand chemin qui conduisait à la ville du côté de l'Allemagne.

Le siège continuait, ou plutôt il n'y avait pas de siège, car on n'ouvrait point la tranchée et les troupes manquaient pour investir régulièrement la place. Nos petites ressources s'épuisaient; Paris semblait s'éloigner. Le mauvais temps ne cessait; nous étions inondés au milieu de nos travaux; je m'éveillais quelquefois dans un fossé avec de l'eau jusqu'au cou: le lendemain j'étais perclus.

Le bruit se répandit qu'enfin on allait en venir à une action; le prince de Waldeck devait tenter un assaut, tandis que, traversant la rivière, nous ferions diversion par une fausse attaque sur la place du côté de la France. Nous arrivâmes à l'entrée de la nuit sous les murs de Thionville.

Les tambours ne battaient point; le commandement se faisait à voix basse. La cavalerie, afin de repousser toute sortie, se glissa le long des chemins et des haies jusqu'à la porte que nous devions canonner. L'artillerie autrichienne, protégée par notre infanterie, prit position à vingt-cinq toises des ouvrages avancés, derrière des gabions épaulés à la hâte. À une heure du matin, le 6 septembre, une fusée lancée du camp du prince de Waldeck, de l'autre côté de la place, donna le signal. Le prince commença un feu nourri auquel la ville répondit vigoureusement. Nous tirâmes aussitôt.

Les assiégés, ne croyant pas que nous eussions des troupes de ce côté et n'ayant pas prévu cette insulte, n'avaient rien aux remparts du midi ; nous ne perdîmes pas pour attendre : la garnison arma une double batterie, qui perça nos épaulements et démonta deux de nos pièces. Le ciel était en feu ; nous étions ensevelis dans des torrents de fumée. Il m'arriva d'être un petit Alexandre[1] : exténué de fatigue, je m'endormis profondément presque sous les roues des affûts où j'étais de garde. Un obus, crevé à six pouces de terre, m'envoya un éclat à la cuisse droite. Réveillé du coup, mais ne sentant point la douleur, je ne m'aperçus de ma blessure qu'à mon sang. J'entourai ma cuisse avec mon mouchoir.

À quatre heures du matin, le tir du prince de Waldeck cessa ; nous crûmes la ville rendue ; mais les portes ne s'ouvrirent point, et il nous fallut songer à la retraite. Nous rentrâmes dans nos positions, après une marche accablante de trois jours.

1. La veille de sa victoire sur les Perses, Alexandre est réputé avoir dormi d'un si profond sommeil qu'il fallut le réveiller pour aller au combat.

Nous levâmes le siège de Thionville et nous partîmes pour Verdun, rendu[1] le 2 septembre aux alliés. Extrêmement affaibli, et ma gênante blessure ne me permettant de marcher qu'avec douleur, je me traînai comme je pus à la suite de ma compagnie, qui bientôt se débanda.

Nous quittâmes Verdun. Les pluies avaient défoncé les chemins ; on rencontrait partout caissons, affûts, canons embourbés, chariots renversés, vivandières avec leurs enfants sur leur dos, soldats expirants ou expirés dans la boue.

La fièvre me minait ; je ne me soutenais qu'avec peine sur ma cuisse enflée. Je me sentis saisi d'un autre mal. Après vingt-quatre heures de vomissements, une ébullition me couvrit le corps et le visage ; une petite vérole se déclara ; elle rentrait et sortait alternativement selon les impressions de l'air. Arrangé de la sorte, je commençai à pied un voyage de deux cents lieues ; tout cela pour la plus grande gloire de la monarchie.

1. Qui s'était rendu.

Les Ardennes. – Fourgons du prince de Ligne. – Je retrouve mon frère à Bruxelles. – Ostende. – Jersey. – Mon oncle de Bedée et sa famille. – Je passe en Angleterre. – Dépérissement de ma santé. – Peltier. – Travaux littéraires. – Ma société avec Hingant. – Détresse. – Secours imprévu. – Mort de mon frère. – Malheurs de ma famille

Londres, d'avril à septembre 1822.
Revu en février 1845.

En sortant d'Arlon, une charrette de paysan me prit pour la somme de quatre sous, et me déposa à cinq lieues de là sur un tas de pierres. Ayant sautillé quelques pas à l'aide de ma béquille, je lavai le linge de mon éraflure devenue plaie, dans une source qui ruisselait au bord du chemin, ce qui me fit grand bien. Je passai une première nuit dans une grange. La femme du paysan, propriétaire de la grange, refusa le loyer de ma couchée ; elle m'apporta au lever du jour une grande écuelle de café au lait avec de la miche noire que je trouvai excellente. Je me remis en route tout gaillard, bien que je tombasse souvent. Je fus rejoint par quatre ou cinq de mes camarades qui prirent mon sac ; ils étaient aussi fort malades. Nous rencontrâmes des villageois ; de charrettes en charrettes, nous gagnâmes pendant cinq jours assez de chemin dans les Ardennes pour atteindre Attert, Flamizoul et Bellevue. Le sixième jour, je me retrouvai seul. Ma petite vérole blanchissait et s'aplatissait.

Vers la fin du jour, je m'étendis sur le dos à terre, dans un fossé, la tête soutenue par le sac d'*Atala*, ma béquille à mes côtés, les yeux attachés sur le soleil, dont les regards s'éteignaient avec les miens. Je saluai de toute la douceur de ma pensée l'astre qui avait éclairé ma première jeunesse dans mes landes paternelles : nous nous couchions ensemble, lui pour se lever plus glorieux, moi, selon toutes les vraisemblances, pour ne me réveiller jamais.

Il paraît que je demeurai à peu près deux heures en défaillance. Les fourgons du prince de Ligne vinrent à passer ; un des conducteurs s'étant arrêté pour couper un scion de bouleau, trébucha sur moi sans me voir : il me crut mort et me poussa du pied ; je donnai un signe de vie. Le conducteur appela ses camarades, et par un instinct de pitié, ils me jetèrent sur un chariot. Les cahots me ressuscitèrent ; je pus parler à mes sauveurs ; je leur dis que j'étais un soldat de l'armée des Princes, que s'ils voulaient me mener jusqu'à Bruxelles, où ils allaient, je les récompenserais de leur peine.

À Bruxelles, aucun hôtelier ne me voulut recevoir. Je frappais, on ouvrait ; en m'apercevant, on disait : « Passez ! Passez ! » et l'on me fermait la porte au nez. Mes cheveux pendaient sur mon visage masqué par ma barbe et mes moustaches ; j'avais la cuisse entourée d'un torchis de foin.

Je m'étais présenté d'abord inutilement à l'hôtel que j'avais habité avec mon frère ; je fis une seconde tentative : comme j'approchais de la porte, j'aperçus le comte de Chateaubriand, descendant de voiture. Il fut effrayé de mon spectre. Mon frère m'amena un chirurgien et un médecin. Il approuva mon dessein de passer dans l'île de Jersey, et m'avança vingt-cinq louis.

Le docteur ne revenait pas de son étonnement : il regardait cette petite vérole sortante et rentrante qui ne me tuait pas, qui n'arrivait à aucune de ses crises naturelles, comme un phénomène dont la médecine n'offrait pas d'exemple. La gangrène s'était mise à ma blessure. On la pansa avec du quinquina. Ces premiers secours obtenus, je m'obstinai à partir pour Ostende. Bruxelles m'était odieux ; je brûlais d'en sortir.

J'arrivai doucement à Ostende par les canaux : j'y trouvai quelques Bretons, mes compagnons d'armes. Nous nolisâmes une barque pontée et nous dévalâmes la Manche. Nous couchions dans la cale, sur les galets qui servaient de lest. La vigueur de mon tempérament était enfin épuisée. Les mouvements d'une grosse mer achevèrent de m'abattre.

Nous abordâmes la pointe occidentale de Jersey. Un de mes compagnons se rendit à Saint-Hélier, auprès de mon oncle. M. de Bedée le renvoya me chercher le lendemain avec une voiture.

Je demeurai quatre mois entre la vie et la mort. Mon oncle, sa femme, son fils et ses trois filles se relevaient à mon chevet. Le médecin avait défendu de me parler de choses sérieuses et surtout de politique. Dans les derniers jours de janvier 1793, voyant entrer chez moi mon oncle en grand deuil, je tremblai, car je crus que nous avions perdu quelqu'un de notre famille : il m'apprit la mort de Louis XVI.

Je commençais à me lever ; la petite vérole était passée ; mais je souffrais de la poitrine et il me restait une faiblesse que j'ai gardée longtemps.

M. de Bouillon[1] protégeait à Jersey les réfugiés français : il me conseilla de me rendre en Angleterre et d'y chercher l'occasion d'y prendre du service régulier. Le paquebot sur lequel je m'embarquai était encombré de familles émigrées. J'y fis connaissance avec M. Hingant, ancien collègue de mon frère au parlement de Bretagne, homme d'esprit et de goût dont j'aurai trop à parler.

Voilà donc qu'après mes courses dans les bois de l'Amérique et dans les camps de l'Allemagne, j'arrive en 1793, pauvre émigré, sur cette terre où j'écris tout ceci en 1822 et où je suis aujourd'hui magnifique ambassadeur.

On avait espéré merveille du changement d'air pour me rendre les forces nécessaires à la vie d'un soldat ; mais ma santé, au lieu de se rétablir, déclina.

1. Philippe d'Auvergne, prince de Bouillon (1754-1816).

Ma poitrine s'entreprit; j'étais maigre et pâle, je toussais fréquemment, je respirais avec peine; j'avais des sueurs et des crachements de sang. Mes amis, aussi pauvres que moi, me traînaient de médecin en médecin. Le docteur Godwin m'assista gratuitement de ses conseils. «Ne comptez pas sur une longue carrière»; tel fut le résumé de ses consultations.

La certitude acquise ainsi de ma fin prochaine, en augmentant le deuil naturel de mon imagination, me donna un incroyable repos d'esprit. Mais comment traverser le temps de grâce qui m'était accordé? J'aurais pu vivre ou mourir promptement de mon épée: on m'en interdisait l'usage; que me restait-il? une plume? elle n'était ni connue, ni éprouvée, et j'en ignorais la puissance. Le goût des lettres inné en moi, des poésies de mon enfance, des ébauches de mes voyages, suffiraient-ils pour attirer l'attention du public? L'idée d'écrire un ouvrage sur les révolutions comparées m'était venue; je m'en occupais dans ma tête comme d'un sujet plus approprié aux intérêts du jour; mais, pendant la composition de ce manuscrit, qui me nourrirait? Si je n'avais que peu de jours à passer sur la terre, force était néanmoins d'avoir quelque moyen de soutenir ce peu de jours.

Peltier n'avait pas précisément de vices; mais il était rongé d'une vermine de petits défauts dont on ne pouvait l'épurer: libertin, mauvais sujet, gagnant beaucoup d'argent et le mangeant de même. Cette espèce de M. Violet, jouant les grands airs de la Révolution sur un violon de poche, me vint voir et m'offrit ses services, en qualité de Breton. Je lui parlai de mon plan de l'*Essai*[1]; il l'approuva fort: «Ce sera superbe!» s'écria-t-il, et il me proposa une chambre chez son imprimeur Baylis, lequel imprimerait l'ouvrage au fur et à mesure de la composition. Le libraire Deboffe aurait la vente; lui, Peltier, emboucherait la trompette dans son journal *L'Ambigu*. J'étais en face de mon avenir doré; mais le présent, sur quelle planche le traverser? Peltier me procura des traductions du latin et de l'anglais; je travaillais le jour à ces traductions, la nuit à l'*Essai historique* dans lequel je faisais entrer une partie de mes voyages et de mes rêveries.

Hingant, que j'avais rencontré sur le paquebot de Jersey, s'était lié avec moi. Il se logea, assez près de Baylis, au fond d'une rue qui donnait dans Holborn. Tous les matins, à dix heures, je déjeunais avec lui; nous parlions de politique et surtout de mes travaux. Je lui disais ce que j'avais bâti de mon édifice de nuit, l'*Essai*; puis je retournais à mon œuvre de jour, les traductions. Nous nous réunissions pour dîner, à un shilling par tête, dans un estaminet; de là, nous allions aux champs. Souvent aussi nous nous promenions seuls, car nous aimions tous deux à rêvasser. Mes fonds s'épuisaient: Baylis et Deboffe s'étaient hasardés, moyennant un billet

1. Paru sous le titre de *Essai historique sur les révolutions*.

de remboursement en cas de non-vente, à commencer l'impression de l'*Essai*; là finissait leur générosité, et rien n'était plus naturel; je m'étonne même de leur hardiesse. Les traductions ne venaient plus; Peltier, homme de plaisir, s'ennuyait d'une obligeance prolongée. Hingant voyait aussi s'amoindrir son trésor; entre nous deux, nous ne possédions que soixante francs. Nous diminuâmes la ration de vivres, comme sur un vaisseau lorsque la traversée se prolonge. Au lieu d'un shilling par tête, nous ne dépensions plus à dîner qu'un demi-shilling. Le matin, à notre thé, nous retranchâmes la moitié du pain, et nous supprimâmes le beurre.

Arrivés à notre dernier shilling, je convins avec mon ami de le garder pour faire semblant de déjeuner. Nous arrangeâmes que nous achèterions un pain de deux sous; que nous nous laisserions servir comme de coutume l'eau chaude et la théière; que nous n'y mettrions point de thé; que nous ne mangerions pas le pain, mais que nous boirions l'eau chaude avec quelques petites miettes de sucre restées au fond du sucrier. Cinq jours s'écoulèrent de la sorte. La faim me dévorait; j'étais brûlant; le sommeil m'avait fui; je suçais des morceaux de linge que je trempais dans de l'eau; je mâchais de l'herbe et du papier. Le matin du cinquième jour, tombant d'inanition, je me traîne chez Hingant; je heurte à la porte, elle était fermée; j'appelle, Hingant est quelque temps sans répondre; il se lève enfin et m'ouvre. Il riait d'un air égaré. Je crus voir quelques taches de sang à sa chemise ; je déboutonne brusquement sa redingote : il s'était donné un coup de canif profond de deux pouces dans le bout du sein gauche. Je criai au secours. La servante alla chercher un chirurgien. La blessure était dangereuse. Les parents de Hingant accoururent et l'emmenèrent à la campagne. Dans ce moment même, mon oncle de Bedée me fit parvenir quarante écus, oblation touchante de ma famille persécutée ; il me sembla voir tout l'or du Pérou : le denier des prisonniers de France nourrit le Français exilé.

Je me félicite aujourd'hui d'avoir essayé du naufrage, entrevu la guerre, partagé les souffrances des classes les plus humbles de la société, comme je m'applaudis d'avoir rencontré, dans les temps de prospérité, l'injustice et la calomnie. J'ai profité à ces leçons : la vie, sans les maux qui la rendent grave, est un hochet d'enfant.

Les feuilles publiques annoncèrent la mort de M. de Malesherbes ; celle de sa fille, Mme la présidente de Rosanbo ; celle de sa petite-fille, Mme la comtesse de Chateaubriand ; et celle de son petit-gendre, le comte de Chateaubriand, mon frère, immolés ensemble, le même jour à la même heure, au même échafaud.

Mon oncle de Bedée me manda les persécutions éprouvées par le reste de mes parents. Ma vieille et incomparable mère avait été jetée dans une charrette avec d'autres victimes, et conduite du fond de la Bretagne dans les geôles de Paris, afin de partager le sort du fils qu'elle avait tant aimé. Ma femme et ma sœur Lucile, dans les cachots de Rennes, attendaient leur sentence ; il avait été question de les enfermer au château de Combourg, devenu forteresse d'État : on accusait leur innocence du crime de mon émigration. Qu'étaient-ce que nos chagrins en terre étrangère, comparés à ceux des Français demeurés dans leur patrie ? Et pourtant, quel malheur, au milieu des souffrances de l'exil, de savoir que notre exil même devenait le prétexte de la persécution de nos proches !

Le 9 thermidor sauva les jours de ma mère ; mais elle fut oubliée à la Conciergerie. Le commissaire conventionnel la trouva : « Que fais-tu là, citoyenne ? lui dit-il ; qui es-tu ? pourquoi restes-tu ici ? » Ma mère répondit qu'ayant perdu son fils, elle ne s'informait point de ce qui se passait, et qu'il lui était indifférent de mourir dans la prison ou ailleurs. « Mais tu as peut-être d'autres enfants ? » répliqua le commissaire. Ma mère nomma ma femme et mes sœurs détenues à Rennes. L'ordre fut expédié de mettre celles-ci en liberté, et l'on contraignit ma mère de sortir.

Défaut de mon caractère. – L'« Essai historique sur les révolutions ». – Fontanes. – Mort de ma mère. – « Génie du christianisme ». – Rentrée des émigrés en France

Londres, d'avril à septembre 1822.
Revu en décembre 1846.

En aucun temps, il ne m'a été possible de surmonter cet esprit de retenue et de solitude intérieure qui m'empêche de causer de ce qui me touche. Un nom, une confession de quelque gravité, ne sort point ou ne sort que rarement de ma bouche. Je n'entretiens jamais les passants de mes intérêts, de mes desseins, de mes travaux, de mes idées, de mes attachements, de mes joies, de mes chagrins, persuadé de l'ennui profond que l'on cause aux autres en leur parlant de soi. Sincère et véridique, je manque d'ouverture de cœur : mon âme tend incessamment à se fermer ; je ne dis point une chose entière et je n'ai laissé passer ma vie complète que dans ces *Mémoires*. Si j'essaie de commencer un récit, soudain l'idée de sa longueur m'épouvante ; au bout de quatre paroles, le son de ma voix me devient insupportable et je me tais. Comme je ne crois à rien, excepté en religion, je me défie de tout: la malveillance et le dénigrement sont les deux caractères de l'esprit français; la moquerie et la calomnie, le résultat certain d'une confidence. Mais qu'ai-je gagné à ma nature réservée? D'être devenu, parce que j'étais impénétrable, un je-ne-sais-quoi de fantaisie, qui n'a aucun rapport avec ma réalité. Mes amis mêmes se trompent sur moi, en croyant me faire mieux connaître et en m'embellissant des illusions de leur attachement. Toutes les médiocrités d'antichambre, de bureaux, de gazettes, de cafés m'ont supposé de l'ambition et je n'en ai aucune. Froid et sec en matière usuelle, je n'ai rien de l'enthousiaste et du sentimental: ma perception distincte et rapide traverse vite le fait et l'homme, et les dépouille de toute importance. Le côté petit et ridicule des objets m'apparaît tout d'abord; de grands génies et de grandes choses, il n'en existe guère à mes yeux.

Les portraits qu'on a faits de moi, hors de toute ressemblance, sont principalement dus à la réticence de mes paroles. La foule est trop légère, trop inattentive pour se donner le temps, lorsqu'elle n'est pas avertie, de voir les individus tels qu'ils sont. Quand, par hasard, j'ai essayé de redresser quelques-uns de ces faux jugements dans mes préfaces, on ne m'a pas cru. En dernier résultat, tout m'étant égal, je n'insistais pas; un *comme vous voudrez* m'a toujours débarrassé de l'ennui de persuader personne ou de chercher à établir une vérité. Je rentre dans mon for intérieur, comme un lièvre dans son gîte : là je me remets à contempler la feuille qui remue ou le brin d'herbe qui s'incline.

Je ne me fais pas une vertu de ma circonspection invincible autant qu'involontaire : si elle n'est pas une fausseté, elle en a l'apparence ; elle n'est pas en harmonie avec des natures plus heureuses, plus aimables, plus faciles, plus naïves, plus abondantes, plus communicatives que la mienne. Souvent, elle m'a nui dans les sentiments et dans les affaires, parce que je n'ai jamais pu souffrir les explications, les raccommodements par protestation et éclaircissement, lamentation et pleurs, verbiage et reproches, détails et apologie.

On a souvent représenté la vie (moi tout le premier) comme une montagne que l'on gravit d'un côté et que l'on dévale de l'autre : il serait aussi vrai de la comparer à une Alpe, au sommet chauve couronné de glace, et qui n'a pas de revers. En suivant cette image, le voyageur monte toujours et ne descend plus ; il voit mieux alors l'espace qu'il a parcouru, les sentiers qu'il n'a pas choisis et à l'aide desquels il se fût élevé par une pente adoucie : il regarde avec regret et douleur le point où il a commencé de s'égarer. Ainsi, c'est à la publication de l'*Essai historique* que je dois marquer le premier pas qui me fourvoya du chemin de la paix. Imprimé chez Baylis, l'*Essai* parut chez Deboffe en 1797. Cette date est celle d'une des transformations de ma vie. Il y a des moments où notre destinée, soit qu'elle cède à la société, soit qu'elle obéisse à la nature, soit qu'elle commence à nous faire ce que nous devons demeurer, se détourne soudain de sa ligne première, telle qu'un fleuve qui change son cours par une subite inflexion.

L'*Essai* fit du bruit dans l'émigration : il était en contradiction avec les sentiments de mes compagnons d'infortune ; mon indépendance dans mes diverses positions sociales a presque toujours blessé les hommes avec qui je marchais. J'ai tour à tour été le chef d'armées différentes dont les soldats n'étaient pas de mon parti : j'ai mené les vieux royalistes à la conquête des libertés publiques, et surtout de la liberté de la presse, qu'ils détestaient ; j'ai rallié les libéraux au nom de cette même liberté sous le drapeau des Bourbons qu'ils ont en horreur. Il arriva que l'opinion émigrée s'attacha, par amour-propre, à ma personne : les *Revues* anglaises ayant parlé de moi avec éloge, la louange rejaillit sur tout le corps des *fidèles*.

Étant devenu presque un personnage, la haute émigration me rechercha à Londres. De temps en temps, la Révolution nous envoyait des émigrés d'une espèce et d'une opinion nouvelles ; il se formait diverses couches d'exilés : la terre renferme des lits de sable ou d'argile, déposés par les flots du déluge. Un de ces flots m'apporta un homme dont je déplore aujourd'hui la perte, un homme qui fut mon guide dans les lettres, et de qui l'amitié a été un des honneurs comme une des consolations de ma vie.

J'avais connu M. de Fontanes en 1789. Si quelque chose au monde devait être antipathique à M. de Fontanes, c'était ma manière d'écrire. En moi commençait, avec l'école dite romantique, une révolution dans la littérature française : toutefois, mon ami, au lieu de se révolter contre ma barbarie, se passionna pour elle. Je voyais bien de l'ébahissement sur son visage quand je lui lisais des fragments des *Natchez*, d'*Atala*, de *René* ; il ne pouvait ramener ces productions aux règles communes de la critique, mais il sentait qu'il entrait dans un monde nouveau ; il voyait une nature nouvelle ; il comprenait une langue qu'il ne parlait pas. Je reçus de lui d'excellents conseils ; je lui dois ce qu'il y a de correct dans mon style ; il m'apprit à respecter l'oreille ; il m'empêcha de tomber dans l'extravagance d'invention et le rocailleux d'exécution de mes disciples. Ce fut un grand bonheur de le revoir à Londres, fêté de l'émigration. Il se logea auprès de moi ; nous ne nous quittions plus.

Nous dînions souvent dans quelque taverne solitaire à Chelsea, sur la Tamise, en parlant de Milton et de Shakespeare : ils avaient vu ce que nous voyions ; ils s'étaient assis, comme nous, au bord de ce fleuve, pour nous fleuve étranger, pour eux fleuve de la patrie.

Nous vîmes Londres en détail : ancien banni, je servais de *cicerone* aux nouveaux réquisitionnaires de l'exil que la Révolution prenait, jeunes ou vieux : il n'y a point d'âge légal pour le malheur.

Fontanes fut rappelé en France. Fontanes n'est plus ; un chagrin profond, la mort tragique d'un fils, l'a jeté dans la tombe avant l'heure. Presque toutes les personnes dont j'ai parlé dans ces *Mémoires* ont disparu. Encore quelques années, et moi, condamné à cataloguer les morts, je ne laisserai personne pour inscrire mon nom au livre des absents. Je viens de quitter un ami, je vais quitter une mère. Une lettre de Julie confirmait ma triste remarque sur mon isolement progressif. Fontanes m'invitait à *travailler*, à *devenir illustre* ; ma sœur m'engageait à *renoncer à écrire* : l'un me proposait la gloire, l'autre l'oubli :

« Saint-Servan, 1er juillet 1798.

« Mon ami, nous venons de perdre la meilleure des mères. Si tu savais combien de pleurs tes erreurs ont fait répandre à notre respectable mère, combien elles paraissent déplorables à tout ce qui pense et fait profession non seulement de piété, mais de raison ; si tu le savais, peut-être cela contribuerait-il à t'ouvrir les yeux, à te faire renoncer à écrire. »

Ah ! que n'ai-je suivi le conseil de ma sœur ! Pourquoi ai-je continué d'écrire ? Mes écrits de moins dans mon siècle, y aurait-il eu quelque chose de changé aux événements et à l'esprit de ce siècle ?

Ainsi, j'avais perdu ma mère ; ainsi, j'avais affligé l'heure suprême de sa vie ! La tendresse filiale que je conservais pour Mme de Chateaubriand était profonde. Mon enfance et ma jeunesse se liaient intimement au souvenir de ma mère ; tout ce que je savais me venait d'elle. L'idée d'avoir empoisonné les vieux jours de la femme qui me porta dans ses entrailles me désespéra : je jetai au feu avec horreur des exemplaires de l'*Essai*, comme l'instrument de mon crime. Je ne me remis de ce trouble que lorsque la pensée m'arriva d'expier mon premier ouvrage par un ouvrage religieux : telle fut l'origine du *Génie du christianisme.*

Je travaillai avec l'ardeur d'un fils qui bâtit un mausolée à sa mère. L'ouvrage ainsi commencé à Londres en 1799 ne fut achevé qu'à Paris en 1802. Une espèce de fièvre me dévora pendant tout le temps de ma composition. Le premier désir de gloire enflammait mon imagination exaltée. Ce désir me venait de la tendresse filiale ; je voulais un grand bruit, afin qu'il montât jusqu'au séjour de ma mère, et que les anges lui portassent ma sainte expiation.

Je commençais à tourner les yeux vers ma terre natale. Une grande révolution s'était opérée. Bonaparte, devenu Premier consul, rétablissait l'ordre par le despotisme ; beaucoup d'exilés rentraient ; la haute émigration, surtout, s'empressait d'aller recueillir les débris de sa fortune.

J'abandonnai l'Angleterre en 1800 ; mon cœur était autrement occupé qu'il ne l'est à l'époque où j'écris ceci, en 1822. Je ne ramenais de la terre d'exil que des regrets et des songes ; aujourd'hui, ma tête est remplie de scènes d'ambition, de politique, de grandeurs et de cours si messéantes à ma nature. Que d'événements sont entassés dans ma présente existence ! Passez, hommes, passez ; viendra mon tour. Je n'ai déroulé à vos yeux qu'un tiers de mes jours ; si les souffrances que j'ai endurées ont pesé sur mes sérénités printanières, maintenant, entrant dans un âge plus fécond, le germe de *René* va se développer et des amertumes d'une autre sorte se mêleront à mon récit !

Je termine ce livre qui atteint au printemps de 1800. Arrivé au bout de ma première carrière, s'ouvre devant moi *la carrière de l'écrivain* ; d'homme privé, je vais devenir homme public ; je sors de l'asile virginal et silencieux de la solitude pour entrer dans le carrefour souillé et bruyant du monde ; le grand jour va éclairer ma vie rêveuse, la lumière pénétrer dans le royaume des ombres. Je jette un regard attendri sur ces livres qui renferment mes heures immémorées ; il me semble dire un dernier adieu à la maison paternelle ; je quitte les pensées et les chimères de ma jeunesse comme des sœurs, comme des amantes que je laisse au foyer de la famille et que je ne reverrai plus.

Nous mîmes quatre heures à passer de Douvres à Calais. Je me glissai dans ma patrie à l'abri d'un nom étranger : caché doublement dans l'obscurité du Suisse Lassagne et dans la mienne, j'abordai la France avec le siècle.

DEUXIÈME PARTIE

MA CARRIÈRE LITTÉRAIRE

Où en sont mes « Mémoires ». – J'arrive à Paris. – « Atala ». – « Génie du christianisme »

Dieppe, 1836.
Revu en décembre 1846.

Il m'est arrivé ce qui arrive à tout entrepreneur qui travaille sur une grande échelle : j'ai, en premier lieu, élevé les pavillons des extrémités, puis, déplaçant et replaçant çà et là mes échafauds, j'ai monté la pierre et le ciment des constructions intermédiaires. On employait plusieurs siècles à l'achèvement des cathédrales gothiques. Si le ciel m'accorde de vivre, le monument sera fini par mes diverses années ; l'architecte, toujours le même, aura seulement changé d'âge. Du reste, c'est un supplice de conserver intact son être intellectuel, emprisonné dans une enveloppe matérielle usée.

Il faut compter trente-six ans entre les choses qui commencent mes *Mémoires* et celles qui m'occupent. Comment renouer avec quelque ardeur la narration d'un sujet rempli jadis pour moi de passion et de feu, quand ce ne sont plus des vivants avec qui je vais m'entretenir, quand il s'agit de réveiller des effigies glacées au fond de l'Éternité, de descendre dans un caveau funèbre pour y jouer à la vie ? Ne suis-je pas moi-même quasi mort ? Mes opinions ne sont-elles pas changées ? Vois-je les objets du même point de vue ? Ces événements personnels dont j'étais si troublé, les événements généraux et prodigieux qui les ont accompagnés ou suivis, n'en ont-ils pas diminué l'importance aux yeux du monde, ainsi qu'à mes propres yeux ? Lorsque je fouille dans mes pensées, il y a des noms, et jusqu'à des personnages, qui échappent à ma mémoire, et cependant ils avaient peut-être fait palpiter mon cœur : vanité de l'homme oubliant et oublié ! Il ne suffit pas de dire aux songes, aux amours : « Renaissez ! » pour qu'ils renaissent ; on ne se peut ouvrir la région des ombres qu'avec le rameau d'or[1], et il faut une jeune main pour le cueillir.

Depuis huit ans enfermé dans la Grande-Bretagne, je n'avais vu que le monde anglais, si différent, surtout alors, du reste du monde européen. À mesure que le *packet-boat* de Douvres approchait de Calais, au printemps de 1800, mes regards me devançaient au rivage. J'étais frappé de l'air pauvre du pays : à peine quelques mâts se montraient dans le port ; une population en carmagnole et en bonnet de coton s'avançait au-devant de nous le long de la jetée : les vainqueurs du continent me furent annoncés par un bruit de sabots. Quand nous

1. Allusion au chant VI dans l'*Énéide*, de Virgile, où Énée cueille le rameau d'or avant d'entamer sa descente aux Enfers.

accostâmes le môle, les gendarmes et les douaniers sautèrent sur le pont, visitèrent nos bagages et nos passeports : en France, un homme est toujours suspect, et la première chose que l'on aperçoit dans nos affaires, comme dans nos plaisirs, est un chapeau à trois cornes ou une baïonnette.

Le lendemain, nous partîmes pour Paris. À droite et à gauche du chemin, se montraient des châteaux abattus ; de leurs futaies rasées, il ne restait que quelques troncs équarris, sur lesquels jouaient des enfants. On voyait des murs d'enclos ébréchés, des églises abandonnées, dont les morts avaient été chassés, des clochers sans cloches, des cimetières sans croix, des saints sans tête et lapidés dans leurs niches. Sur les murailles étaient barbouillées ces inscriptions républicaines déjà vieillies : LIBERTÉ, ÉGALITÉ, FRATERNITÉ OU LA MORT. Quelquefois on avait essayé d'effacer le mot MORT, mais les lettres noires ou rouges reparaissaient sous une couche de chaux.

C'était un dimanche : vers trois heures de l'après-midi, nous entrâmes à pied dans Paris par la barrière de l'Étoile. Nous n'avons pas une idée aujourd'hui de l'impression que les excès de la Révolution avaient faite sur les esprits en Europe, et principalement parmi les hommes absents de la France pendant la Terreur ; il me semblait, à la lettre, que j'allais descendre aux Enfers. J'avais été témoin, il est vrai, des commencements de la Révolution ; mais les grands crimes n'étaient pas alors accomplis, et j'étais resté sous le joug des faits subséquents, tels qu'on les racontait au milieu de la société paisible et régulière de l'Angleterre.

J'étais tout surpris de ne pas entendre des plaintes; je craignais de mettre le pied dans un sang dont il ne restait aucune trace; mes yeux ne se pouvaient détacher de l'endroit du ciel où s'était élevé l'instrument de mort; je croyais voir en chemise, liés auprès de la machine sanglante, mon frère et ma belle-sœur: là était tombée la tête de Louis XVI.

M. de Fontanes demeurait dans la rue Saint-Honoré, aux environs de Saint-Roch. Il me mena chez lui, me présenta à sa femme, et me conduisit ensuite chez son ami, M. Joubert, où je trouvai un abri provisoire: je fus reçu comme un voyageur dont on avait entendu parler. Le lendemain, j'allai à la police, sous le nom de Lassagne, déposer mon passeport étranger et recevoir en échange, pour rester à Paris, une permission qui fut renouvelée de mois en mois. Au bout de quelques jours, je louai un entresol rue de Lille, du côté de la rue des Saints-Pères. Je m'enfermai au fond de mon entresol, et je me livrai tout entier au travail.

C'est de la publication d'*Atala* que date le bruit que j'ai fait dans ce monde: je cessai de vivre de moi-même et ma carrière publique commença. Après tant de succès militaires, un succès littéraire paraissait un prodige; on en était affamé. L'étrangeté de l'ouvrage ajoutait à la surprise de la foule. *Atala* tombant au milieu de la littérature de l'Empire, de cette école classique, vieille rajeunie dont la seule vue inspirait l'ennui, était une sorte de production d'un genre inconnu. Dans des boîtes de bois, sur les quais, on montrait mes personnages en cire comme on montre des images de Vierge et de saints à la foire. Je vis sur un théâtre du boulevard ma sauvagesse coiffée de plumes de coq, qui parlait de l'âme de la solitude à un sauvage de son espèce, de manière à me faire suer de confusion.

Je devins à la mode. La tête me tourna : j'ignorais les jouissances de l'amour-propre, et j'en fus enivré. J'aimai la gloire comme une femme son premier amour. Cependant, poltron que j'étais, mon effroi égalait ma passion : conscrit, j'allais mal au feu. Ma sauvagerie naturelle, le doute que j'ai toujours eu de mon talent, me rendaient humble au milieu de mes triomphes. Je me dérobais à mon éclat ; je me promenais à l'écart, cherchant à éteindre l'auréole dont ma tête était couronnée. Le soir, mon chapeau rabattu sur mes yeux de peur qu'on ne reconnût le grand homme, j'allais à l'estaminet lire à la dérobée mon éloge dans quelque petit journal inconnu.

Si le succès ne pouvait prolonger en moi ce stupide engouement de ma vanité, ni pervertir ma raison, il avait des dangers d'une autre sorte. Vinrent se presser autour de moi, avec les jeunes femmes qui pleurent aux romans, la foule des chrétiennes, et ces autres nobles enthousiastes dont une action d'honneur fait palpiter le sein. Les éphèbes de treize et quatorze ans étaient les plus périlleuses ; car ne sachant ni ce qu'elles veulent, ni ce qu'elles vous veulent, elles mêlent avec séduction votre image à un monde de fables, de rubans et de fleurs. J'étais enseveli sous un amas de billets parfumés. Si je n'ai pas été gâté, il faut que ma nature soit bonne.

La personne qui tint le plus de place dans mon existence, à mon retour de l'émigration, fut Mme la comtesse de Beaumont. Elle demeurait une partie de l'année au château de Passy, près Villeneuve-sur-Yonne que M. Joubert habitait pendant l'été. Mme de Beaumont revint à Paris et désira me connaître. Pour faire de ma vie une longue chaîne de regrets, la Providence voulut que la première personne dont je fus accueilli avec bienveillance au début de ma carrière publique fût aussi la première à disparaître. Mme de Beaumont ouvre la marche funèbre de ces femmes qui ont passé devant moi. L'extrême faiblesse de Mme de Beaumont rendait son expression lente, et cette lenteur touchait ; elle était déjà frappée de mort, et je me consacrai à ses douleurs.

Cependant j'achevais le *Génie du christianisme*. Quoique le succès de mon grand livre fût aussi éclatant que celui de la petite *Atala*, il fut néanmoins plus contesté : c'était un ouvrage grave où je ne combattais plus les principes de l'ancienne littérature et de la philosophie par un roman, mais où je les attaquais par des raisonnements et des faits.

L'empire voltairien poussa un cri et courut aux armes. Quelles espérance pouvais-je avoir, moi, de détruire l'influence de Voltaire, dominante depuis plus d'un demi-siècle ? N'était-il pas aussi ridicule que téméraire à un homme obscur, de s'opposer à un mouvement philosophique tellement irrésistible qu'il avait produit la Révolution ?

Ce fut au milieu des débris de nos temples que je publiai le *Génie du christianisme*. Les fidèles se crurent sauvés : on avait alors un besoin de foi, une avidité de consolations religieuses, qui venaient de la privation de ces consolations depuis de longues années.

Un épisode du *Génie du christianisme* a déterminé un des caractères de la littérature moderne. Si *René* n'existait pas, je ne l'écrirais plus ; s'il m'était possible de le détruire, je le détruirais. Une famille de René-poètes et de René-prosateurs a pullulé : on n'a plus entendu bourdonner que des phrases lamentables et décousues ; il n'a plus été question que de vents et d'orages, de maux inconnus livrés aux nuages et à la nuit. Il n'y a pas de grimaud sortant du collège, qui n'ait rêvé être le plus malheureux des hommes ; de bambin qui, à seize ans, n'ait épuisé la vie, qui ne se soit cru tourmenté par son génie, qui n'ait frappé son front pâle et échevelé, qui n'ait étonné les hommes stupéfaits d'un malheur dont il ne savait pas le nom, ni eux non plus.

Entrevue avec Bonaparte. – Je suis nommé premier secrétaire d'ambassade à Rome. – Mort de Mme de Beaumont. – Première idée de mes «Mémoires». – Je suis nommé ministre de France dans le Valais

Paris, 1837-1838.
Revu en décembre 1846 et février 1845.

Ma vie se trouva toute dérangée aussitôt qu'elle cessa d'être à moi. J'avais une foule de connaissances en dehors de ma société habituelle. J'étais appelé dans les châteaux que l'on rétablissait. On se rendait comme on pouvait dans ces manoirs demi-démeublés demi-meublés, où un vieux fauteuil succédait à un fauteuil neuf. Au retour de l'émigration, il n'y avait si pauvre banni qui ne dessinât les tortillons d'un jardin anglais dans les dix pieds de terre ou de cour qu'il avait retrouvés: moi-même, n'ai-je pas planté jadis la Vallée-aux-Loups? N'y ai-je pas commencé ces *Mémoires*?

J'étais débarqué à Calais pour concourir à l'action générale, dans la mesure assignée à chaque soldat. J'arrivai, la première année du siècle, au camp où Bonaparte battait le rappel des destinées: il devint bientôt Premier consul à vie.

Après l'adoption du Concordat par le Corps législatif en 1802, Lucien, ministre de l'Intérieur, donna une fête à son frère; j'y fus invité, comme ayant rallié les forces chrétiennes et les ayant ramenées à la charge. J'étais dans la galerie, lorsque Napoléon entra: il me frappa agréablement; je ne l'avais jamais aperçu que de loin. Son sourire était caressant et beau; son œil admirable, surtout par la manière dont il était placé sous son front et encadré dans ses sourcils. Il n'avait encore aucune charlatanerie dans le regard, rien de théâtral et d'affecté. Le *Génie du christianisme*, qui faisait en ce moment beaucoup de bruit, avait agi sur Napoléon. Une imagination prodigieuse animait ce politique si froid: il n'eût pas été ce qu'il était, si la muse n'eût été là; la raison accomplissait les idées du poète. Tous ces hommes à grande vie sont toujours un composé de deux natures, car il les faut capables d'inspiration et d'action: l'une enfante le projet, l'autre l'accomplit.

Bonaparte m'aperçut et me reconnut, j'ignore à quoi. Quand il se dirigea vers ma personne, on ne savait qui il cherchait; les rangs s'ouvraient successivement; chacun espérait que le consul s'arrêterait à lui; il avait l'air d'éprouver une certaine impatience de ces méprises. Je m'enfonçais derrière mes voisins; Bonaparte éleva tout à coup la voix et me dit: «Monsieur de Chateaubriand!» Je restai seul alors en avant, car la foule se retira et bientôt se reforma en cercle autour des interlocuteurs. Bonaparte m'aborda avec simplicité : sans me faire de compliments, sans questions oiseuses, sans préambule, il me parla sur-le-champ de l'Égypte et des Arabes, comme si j'eusse été de son intimité et comme s'il n'eût fait que continuer une conversation déjà commencée entre nous.

À la suite de cette entrevue, Bonaparte pensa à moi pour Rome : il avait jugé d'un coup d'œil où et comment je lui pouvais être utile. Peu lui importait que je n'eusse pas été dans les affaires, que j'ignorasse jusqu'au premier mot de la diplomatie pratique ; il croyait que tel esprit sait toujours, et qu'il n'a pas besoin d'apprentissage. C'était un grand découvreur d'hommes ; mais il voulait qu'ils n'eussent de talent que pour lui, à condition encore qu'on parlât peu de ce talent ; jaloux de toute renommée, il la regardait comme une usurpation sur la sienne : il ne devait y avoir que Napoléon dans l'univers.

J'acceptai la place, sans être le moins du monde convaincu de mon utilité au poste où l'on m'appelait. J'aurais peut-être encore reculé, si l'idée de Mme de Beaumont n'était venue mettre un terme à mes scrupules. Le climat de l'Italie lui serait, disait-on, favorable : je me sacrifiai à l'espoir de la sauver.

J'arrivai à ma destination le 27 juin au soir, avant-veille de la Saint-Pierre : le prince des apôtres m'attendait. Le 28 juin, je courus tout le jour : je jetai un premier regard sur le Colysée, le Panthéon, la colonne Trajane et le château Saint-Ange. Le lendemain, j'assistai à l'office de la Saint-Pierre. Pie VII, pâle, triste et religieux, était le vrai pontife des tribulations. Deux jours après, je fus présenté à Sa Sainteté : elle me fit asseoir auprès d'elle. Un volume du *Génie du christianisme* était obligeamment ouvert sur sa table.

Une lettre m'annonça l'arrivée de Mme de Beaumont. Je fus terrifié à sa vue ; elle n'avait plus que la force de sourire.

J'avais loué pour elle à Rome une maison solitaire près de la place d'Espagne, sous le mont Pincio ; il y avait un petit jardin avec des orangers en espalier et une cour plantée d'un figuier. J'y déposai la mourante. Elle était frappée de l'idée qu'elle ne passerait pas le 2 novembre, jour des Morts ; puis elle se rappela qu'un de ses parents, je ne sais lequel, avait péri le 4 novembre. Je lui disais que son imagination était troublée ; qu'elle reconnaîtrait la fausseté de ses frayeurs ; elle me répondait, pour me consoler : « Oh ! oui, j'irai plus loin ! » Elle aperçut quelques larmes que je cherchais à lui dérober ; elle me tendit la main, et me dit : « Vous êtes un enfant ; est-ce que vous ne vous y attendiez pas ? »

Le vendredi 4 novembre, j'entrai, suivi du médecin. Mme de Beaumont s'aperçut de mon trouble, elle me dit : « Pourquoi êtes-vous comme cela ? J'ai passé une bonne nuit. » Le médecin affecta alors de me dire tout haut qu'il désirait m'entretenir dans la chambre voisine. Je sortis : quand je rentrai, je ne savais plus si j'existais. Mme de Beaumont me demanda ce que me voulait le médecin. Je me jetai au bord de son lit, en fondant en larmes. Elle fut un moment sans parler, me regarda et me dit d'une voix ferme, comme si elle eût voulu me donner de la force : « Je ne croyais pas que c'eût été tout à fait aussi prompt : allons, il faut bien vous dire adieu. »

Une idée déplorable vint me bouleverser : je m'aperçus que Mme de Beaumont ne s'était doutée qu'à son dernier soupir de l'attachement véritable que j'avais pour elle : elle ne cessait d'en marquer sa surprise et elle semblait mourir désespérée et ravie. Elle avait cru qu'elle m'était à charge, et elle avait désiré s'en aller pour me débarrasser d'elle.

Le curé arriva à onze heures. Mme de Beaumont vit la formidable solennité sans le moindre signe de frayeur. Nous nous mîmes à genoux, et la malade revécut à la fois la communion et l'extrême onction. Quand tout le monde se fut retiré, elle me fit asseoir au bord de son lit et me parla pendant une demi-heure de mes affaires et de mes intentions avec la plus grande élévation d'esprit et l'amitié la plus touchante ; elle m'engagea surtout à vivre auprès de Mme de Chateaubriand.

Elle me pria d'ouvrir la fenêtre, parce qu'elle se sentait oppressée. Un rayon de soleil vint éclairer son lit et sembla la réjouir. Elle me rappela alors des projets de retraite à la campagne, dont nous nous étions quelquefois entretenus, et elle se mit à pleurer.

Entre deux et trois heures de l'après-midi, elle me dit qu'elle sentait l'approche de l'agonie. Tout à coup elle rejeta sa couverture, me tendit une main, serra la mienne avec contraction ; ses yeux s'égarèrent. De la main qui lui restait libre, elle faisait des signes à quelqu'un qu'elle voyait au pied de son lit ; puis reportant cette main sur sa poitrine, elle disait : « C'est là ! » Consterné, je lui demandai si elle me reconnaissait : l'ébauche d'un sourire parut au milieu de son égarement ; elle me fit une légère affirmation de tête : sa parole n'était déjà plus dans ce monde. Les convulsions ne durèrent que quelques minutes. Nous la soutenions dans nos bras, moi, le médecin et la garde : une de mes mains se trouvait appuyée sur son cœur qui touchait à ses légers ossements ; il palpitait avec rapidité comme une montre qui dévide sa chaîne brisée. Oh ! moment d'horreur et d'effroi, je le sentis s'arrêter ! nous inclinâmes sur son oreiller la femme arrivée au repos ; elle pencha la tête. Quelques boucles de ses cheveux déroulés tombaient sur son front ; ses yeux étaient fermés, la nuit éternelle était descendue. Le médecin présenta un miroir et une lumière à la bouche de l'étrangère : le miroir ne fut point terni du souffle de la vie et la lumière resta immobile. Tout était fini.

Je restais abandonné sur les ruines de Rome. À ma première promenade, les aspects me semblaient changés, je ne reconnaissais ni les arbres, ni les monuments, ni le ciel, je m'égarais au milieu des campagnes, le long des arcades, des aqueducs, comme autrefois sous les berceaux des bois du Nouveau Monde. Je rentrais dans la Ville éternelle, qui joignait maintenant à tant d'existences passées une vie éteinte de plus.

C'est à Rome que je conçus, pour la première fois l'idée d'écrire les *Mémoires de ma vie*. J'esquissais ainsi mon plan :

« *Mon seul bonheur est d'attraper quelques heures pendant lesquelles je m'occupe d'un ouvrage qui peut seul apporter de l'adoucissement à mes peines : ce sont les* Mémoires de ma vie. *Rome y entrera ; ce n'est que comme cela que je puis désormais parler de Rome.*

« *Ce ne seront point des confessions pénibles pour mes amis : si je suis quelque chose dans l'avenir, mes amis y auront un nom aussi beau que respectable. Je n'entretiendrai pas non plus la postérité du détail de mes faiblesses ; je ne dirai de moi que ce qui est convenable à ma dignité d'homme et, j'ose le dire, à l'élévation de mon cœur. Il ne faut présenter au monde que ce qui est beau ; ce n'est pas mentir à Dieu que de ne découvrir de sa vie que ce qui peut porter nos pareils à des sentiments nobles et généreux. Ce n'est pas, qu'au fond, j'aie rien à cacher ; je n'ai ni fait chasser une servante pour un ruban volé, ni abandonné mon ami mourant dans une rue, ni déshonoré la femme qui m'a recueilli, ni mis mes bâtards aux Enfants-Trouvés*[1] *; mais j'ai eu mes faiblesses, mes abat-*

1. Allusion à plusieurs épisodes fameux des *Confessions*, de Jean-Jacques Rousseau.

tements de cœur; un gémissement sur moi suffira pour faire comprendre au monde ces misères communes, faites pour être laissées derrière le voile. Que gagnerait la société à la reproduction de ces plaies que l'on retrouve partout? On ne manque pas d'exemples, quand on veut triompher de la pauvre nature humaine. »

Dans ce plan que je me traçais, j'oubliais ma famille, mon enfance, ma jeunesse, mes voyages et mon exil: ce sont pourtant les récits où je me suis plu davantage.

Tandis que je flottais entre mille partis, je reçus la nouvelle que le Premier consul m'avait nommé ministre dans le Valais. Il comprit que j'étais de cette race qui n'est bonne que sur un premier plan, qu'il ne fallait me mêler à personne, ou bien que l'on ne tirerait jamais parti de moi. Il n'y avait point de place vacante; il en créa une, et la choisissant conforme à mon instinct de solitude et d'indépendance, il me plaça dans les Alpes. J'obtins donc cette première victoire diplomatique sans m'y attendre, et sans le vouloir: il est vrai qu'à la tête de l'État se trouvait une haute intelligence, qui ne voulait pas abandonner à des intrigues de bureaux une autre intelligence qu'elle sentait trop disposée à se séparer du pouvoir.

Je partis pour Paris le 21 janvier 1804, autre jour de malheur[1].

1. Date anniversaire de la mort de Louis XVI, le 21 janvier 1793.

Visite au château des Tuileries. – J'entends crier la mort du duc d'Enghien. – Je donne ma démission. – Un article du « Mercure ». – Année de ma vie 1804. – Mort de Lucile

Paris, 1838.
Revu le 22 février 1845.

Mon dessein n'étant pas de rester à Paris, je descendis à l'*Hôtel de France*, rue de Beaune, où Mme de Chateaubriand vint me rejoindre pour se rendre avec moi dans le Valais.

Bonaparte marchait à l'empire ; son génie s'élevait à mesure que grandissaient les événements : il pouvait comme la poudre en se dilatant, emporter le monde ; déjà immense, et cependant ne se sentant pas au sommet, ses forces le tourmentaient ; il tâtonnait, il semblait chercher son chemin.

Deux jours avant le 20 mars, je m'habillai pour aller prendre congé de Bonaparte aux Tuileries ; je ne l'avais pas revu depuis le moment où il m'avait parlé chez Lucien. La galerie où il recevait était pleine ; il était accompagné de Murat et d'un premier aide de camp ; il passait presque sans s'arrêter. À mesure qu'il approcha de moi, je fus frappé de l'altération de son visage : ses joues étaient livides, ses yeux âpres, son teint pâli et brouillé, son air sombre et terrible. L'attrait qui m'avait précédemment poussé vers lui cessa ; au lieu de rester sur son passage, je fis un mouvement afin de l'éviter. Il me jeta un regard comme pour chercher à me reconnaître, dirigea quelques pas vers moi, puis se détourna et s'éloigna. Lui étais-je apparu comme un avertissement ? Quoi qu'il en soit, Napoléon passa dans un autre salon. Satisfait d'avoir rempli ma tâche en me présentant aux Tuileries, je me retirai. À la joie que j'ai toujours éprouvée en sortant d'un château, il est évident que je n'étais pas fait pour y entrer.

Retourné à l'*Hôtel de France*, je dis à plusieurs de mes amis : « Il faut qu'il y ait quelque chose d'étrange que nous ne savons pas, car Bonaparte ne peut être changé à ce point, à moins d'être malade. » Oui, je le remarquai : une intelligence supérieure n'enfante pas le mal sans douleur, parce que ce n'est pas son fruit naturel et qu'elle ne devait pas le porter.

Le 20 mars, je me levai de bonne heure, traversai l'esplanade des Invalides, le pont Louis-XVI et le jardin des Tuileries, dont je sortis près du pavillon Marsan, à la grille qui s'ouvre aujourd'hui sur la rue de Rivoli. Là, entre onze heures et midi, j'entendis un homme et une femme qui criaient une nouvelle officielle ; des passants s'arrêtaient, subitement pétrifiés par ces mots : « *Jugement de la commission militaire spéciale convoquée à Vincennes, qui condamne à la peine de mort le nommé Louis-Antoine-Henri de Bourbon, né le 2 août 1772 à Chantilly.* »

Ce cri tomba sur moi comme la foudre ; il changea ma vie, de même qu'il changea celle de Napoléon. Je rentrai chez moi ; je dis à Mme de Chateaubriand : « Le duc d'Enghien vient d'être fusillé. » Je m'assis devant une table, et je me mis à écrire ma démission.

Pendant plusieurs jours, mes amis restèrent dans la crainte de me voir enlever par la police ; ils se présentaient chez moi d'heure en heure, et toujours en frémissant, quand ils abordaient la loge du portier. Néanmoins, ce mouvement de sympathie, qui nous emporte à la louange d'une action généreuse, s'arrêta.

Ceux qui m'avaient le plus applaudi s'éloignèrent ; ma présence leur était un reproche : les gens prudents trouvent de l'imprudence dans ceux qui cèdent à l'honneur. Il y a des temps où l'élévation de l'âme est une véritable infirmité ; personne ne la comprend ; elle passe pour une espèce de borne d'esprit, pour un préjugé, une habitude inintelligente d'éducation, une lubie, un travers qui vous empêche de juger les choses ; imbécillité honorable peut-être, dit-on, mais ilotisme stupide. Quelle capacité peut-on trouver à n'y voir goutte, à rester étranger à la marche du siècle, au mouvement des idées, à la transformation des mœurs, au progrès de la société ? N'est-ce pas une méprise déplorable que d'attacher aux événements une importance qu'ils n'ont pas? Barricadé dans vos étroits principes, l'esprit aussi court que le jugement, vous êtes comme un homme logé sur le derrière d'une maison, n'ayant vue que sur une petite cour, ne se doutant ni de ce qui se passe dans la rue, ni du bruit qu'on entend au-dehors. Voilà où vous réduit un peu d'indépendance, objet de pitié que vous êtes pour la médiocrité.

M. de Talleyrand, indifférence ou calcul, garda ma démission plusieurs jours avant d'en parler: quand il l'annonça à Bonaparte, celui-ci avait eu le temps de réfléchir. En recevant de ma part la seule et directe marque de blâme d'un honnête homme qui ne craignait pas de le braver, il ne prononça que ces deux mots: «C'est bon.»

Je rendis les frais d'établissement, et tout fut fini en apparence. Mais en osant quitter Bonaparte, je m'étais placé à son niveau, et il était animé contre moi de toute sa forfaiture, comme je l'étais contre lui de toute ma loyauté. Jusqu'à sa chute, il a tenu le glaive suspendu sur ma tête; il revenait quelquefois à moi par un penchant naturel et cherchait à me noyer dans ses fatales prospérités; quelquefois, j'inclinais vers lui par l'admiration qu'il m'inspirait, par l'idée que j'assistais à une transformation sociale, non à un simple changement de dynastie: mais antipathiques sous beaucoup de rapports, nos deux natures reparaissaient, et s'il m'eût fait fusiller volontiers, en le tuant je n'aurais pas senti beaucoup de peine.

Bonaparte seul a voulu la mort du duc d'Enghien; personne ne lui avait fait une condition de cette mort pour monter au trône. Cette condition supposée est une de ces subtilités des politiques qui prétendent trouver des causes occultes à tout. Cependant, il est probable que certains hommes compromis ne voyaient pas sans plaisir le Premier consul se séparer à jamais des Bourbons. Le jugement de Vincennes fut une affaire du tempérament violent de Bonaparte, un accès de froide colère alimenté par les rapports de son ministre.

M. de Talleyrand, prêtre et gentilhomme, inspira et prépara le meurtre en inquiétant Bonaparte : il craignait le retour de la Légitimité.

Si Bonaparte n'eût pas tué le duc d'Enghien, s'il m'eût de plus en plus rapproché de lui (et son penchant l'y portait), qu'en fût-il résulté pour moi ? Ma carrière littéraire était finie ; entré de plein saut dans la carrière politique, je serais devenu riche et puissant. La France aurait pu gagner à ma réunion avec l'Empereur ; moi, j'y aurais perdu. Peut-être serais-je parvenu à maintenir quelques idées de liberté et de modération dans la tête du grand homme ; mais ma vie, rangée parmi celles qu'on appelle heureuses, eût été privée de ce qui en a fait le caractère et l'honneur : la pauvreté, le combat et l'indépendance.

Heureuse, du moins, ma vie qui ne fut ni troublée par la peur, ni atteinte par la contagion, ni entraînée par les exemples ! La satisfaction que j'éprouve aujourd'hui de ce que je fis alors, me garantit que la conscience n'est point une chimère. Plus content que tous ces potentats, que toutes ces nations tombées aux pieds du glorieux soldat, je relis avec un orgueil pardonnable cette page qui m'est restée comme mon seul bien et que je ne dois qu'à moi. En 1807, le cœur encore ému du meurtre que je viens de raconter, j'écrivais ces lignes :

« *Lorsque, dans le silence de l'abjection, l'on n'entend plus retentir que la chaîne de l'esclave et la voix du délateur ; lorsque tout tremble devant le tyran, et qu'il est aussi dangereux d'encourir sa faveur que de mériter sa disgrâce, l'historien paraît, chargé de la vengeance des peuples. Si le rôle de l'historien est beau, il est souvent dangereux ; mais il est des autels comme celui de l'honneur, qui, bien qu'abandonnés, réclament encore des sacrifices ; le Dieu n'est point anéanti parce que le temple est désert. Partout où il reste une chance à la fortune, il n'y a point d'héroïsme à la tenter ; les actions magnanimes sont celles dont le résultat prévu est le malheur et la mort. Après tout, qu'importent les revers, si notre nom, prononcé dans la postérité, va faire battre un cœur généreux deux mille ans après notre vie ?* »

Désormais à l'écart de la vie active, j'allai demeurer rue de Miromesnil. Le pavé de la rue se terminait alors devant ma porte ; plus haut, la rue ou le chemin montait à travers un terrain vague que l'on appelait la *Butte-aux-Lapins*. La Butte-aux-Lapins, semée de quelques maisons isolées, joignait à droite le jardin de Tivoli, d'où j'étais parti avec mon frère pour l'émigration, à gauche le parc de Monceaux. Je me promenais assez souvent dans ce parc abandonné. Je ne m'occupais de rien ; tout au plus m'entretenais-je dans le parc avec quelques lapins, ou causais-je du duc d'Enghien avec trois corbeaux, au bord d'une rivière artificielle cachée sous un tapis de mousse verte. Privé de ma légation alpestre et de mes amitiés de Rome, de même que j'avais été tout à coup séparé de mes attachements de Londres, je ne savais que faire de mon imagination et de mes sentiments.

Mme de Chateaubriand partit pour Vichy, et je me disposai à la suivre. Avant de quitter Paris, j'allai voir Lucile. Elle m'embrassa, me souhaita un bon voyage, me fit promettre de revenir vite. Elle me reconduisit sur le palier de l'escalier, s'appuya sur la rampe et me regarda tranquillement descendre. Quand je fus au bas, je m'arrêtai, et, levant la tête, je criai à l'infortunée qui me regardait toujours : « Adieu, chère sœur ! à bientôt ! Écris-moi à Villeneuve. Je t'écrirai. J'espère que l'hiver prochain, tu consentiras à vivre avec nous. »

Trois mois s'écoulèrent. Mme de Chateaubriand tomba tout à coup dangereusement malade : j'étais au bord de son lit quand on m'apporta une lettre ; je l'ouvris : une ligne foudroyante m'apprenait la mort subite de Lucile.

J'ai pris soin de beaucoup de tombeaux dans ma vie, il était de mon sort et de la destinée de ma sœur que ses cendres fussent jetées au ciel. Je n'étais point à Paris au moment de sa mort; je n'y avais aucun parent; retenu à Villeneuve par l'état périlleux de ma femme, je ne pus courir à des restes sacrés; des ordres transmis de loin arrivèrent trop tard pour prévenir une inhumation commune. Lucile était ignorée et n'avait pas un ami.

Ma sœur fut enterrée parmi les pauvres: dans quel cimetière fut-elle déposée? dans quel flot immobile d'un océan de morts fut-elle engloutie? Quand, en faisant des recherches, quand, en compulsant les archives des municipalités, les registres des paroisses, je rencontrerais le nom de ma sœur, à quoi cela me servirait-il? Puisque le ciel l'a voulu, que Lucile soit à jamais perdue! Je trouve dans cette absence de lieu une distinction d'avec les sépultures de mes autres amis. Ma devancière dans ce monde et dans l'autre prie pour moi le Rédempteur; elle le prie du milieu des dépouilles indigentes parmi lesquelles les siennes sont confondues: ainsi repose égarée, parmi les préférés de Jésus-Christ, la mère de Lucile et la mienne. Lucile aimait à se cacher; je lui ai fait une solitude dans mon cœur: elle n'en sortira que quand j'aurai cessé de vivre.

Ce sont là les vrais, les seuls événements de ma vie réelle! Que m'importaient, au moment où je perdais ma sœur, les milliers de soldats qui tombaient sur les champs de bataille, l'écroulement des trônes et le changement de la face du monde?

Je pars pour le Levant. – Réflexions sur mon voyage. – Article du « Mercure » du mois de juillet 1807. – J'achète la Vallée-aux-Loups et je m'y retire. – Fin de ma carrière littéraire

Paris, 1839.
Revu en décembre 1846.

Demeuré seul derrière les chers objets qui m'avaient quitté, comme un marin étranger dont l'engagement est expiré et qui n'a ni foyer ni patrie, je frappais du pied la rive ; je brûlais de me jeter à la nage dans un nouvel océan pour me rafraîchir et le traverser. J'étais impatient d'aller mêler mes délaissements aux ruines d'Athènes, mes pleurs aux larmes de Madeleine.

Je partis pour Trieste le 13 juillet 1806 : Mme de Chateaubriand m'accompagna jusqu'à Venise. Ma vie étant exposée heure par heure dans l'*Itinéraire*[1], je n'aurais plus rien à dire ici.

Julien, mon domestique et compagnon, a, de son côté, fait son *Itinéraire* auprès du mien, comme les passagers sur un vaisseau tiennent leur journal particulier dans un voyage de découverte. Le petit

1. *Itinéraire de Paris à Jérusalem*, paru en 1811.

manuscrit qu'il met à ma disposition servira de contrôle à ma narration.

Après avoir traversé la Grèce, je trouvai Julien à Smyrne. Je vois aujourd'hui, dans ma mémoire, la Grèce comme un de ces cercles éclatants qu'on aperçoit quelquefois en fermant les yeux. Sur cette phosphorescence mystérieuse se dessinent des ruines d'une architecture fine et admirable, le tout rendu plus resplendissant encore par je ne sais quelle autre clarté des muses. Je m'acheminai vers Constantinople. Je passai à Pergame, voulant d'abord aller à Troie, par piété poétique ; une chute de cheval m'attendait au début de ma route ; non pas que Pégase bronchât, mais je dormais.

J'arrive à Constantinople.

Mon itinéraire

« L'absence presque totale des femmes, le manque de voitures à roues et les meutes de chiens sans maîtres furent les trois caractères distinctifs qui me frappèrent d'abord dans l'intérieur de cette ville extraordinaire. Comme on ne marche guère qu'en babouches, qu'on n'entend point de bruit de carrosses et de charrettes, qu'il n'y a point de cloches, ni presque point de métiers à marteau, le silence est continuel. Vous voyez autour de vous une foule muette qui semble vouloir passer sans être aperçue, et qui a toujours l'air de se dérober aux regards du maître. Vous arrivez sans cesse d'un bazar à un cimetière, comme si les Turcs n'étaient là que pour acheter, vendre et mourir. Les

cimetières, sans murs et placés au milieu des rues, sont des bois magnifiques de cyprès : les colombes font leurs nids dans ces cyprès et partagent la paix des morts. On découvre çà et là quelques monuments antiques qui n'ont de rapport ni avec les hommes modernes, ni avec les monuments nouveaux, dont ils sont environnés ; on dirait qu'ils ont été transportés dans cette ville orientale par l'effet d'un talisman. »

Julien, lui, ne se perd pas ainsi dans les nues :

ITINÉRAIRE DE JULIEN

« *L'intérieur de Constantinople est très désagréable par sa pente vers le canal et le port ; on est obligé de mettre dans toutes les rues qui descendent dans cette direction (rues fort mal pavées) des retraites très près les unes des autres, pour retenir les terres que l'eau entraînerait. Il y a peu de voitures : les Turcs font beaucoup plus usage de chevaux de selle que les autres nations. Il y a dans le quartier français quelques chaises à porteurs pour les dames. Il y a aussi des chameaux et des chevaux de somme pour le transport des marchandises.* »

Je m'embarque à Constantinople sur un bâtiment qui portait des pèlerins grecs en Syrie. Je passe le détroit des Dardanelles ; je touche à Rhodes, et je prends un pilote pour la côte de Syrie. Un calme nous arrête sous le continent de l'Asie, presque en face de l'ancien cap Chélidonia.

Nous restons deux jours en mer, sans savoir où nous étions.

J'arrive à Jérusalem. Par le conseil des Pères du couvent, je traverse vite la cité sainte pour aller au Jourdain. Après m'être arrêté au couvent de Bethléem, je pars avec une escorte d'Arabes. À minuit, je me trouve au bord de la mer Morte.

Mon itinéraire

« *Quand on voyage dans la Judée, d'abord un grand ennui saisit le cœur; mais lorsque, passant de solitude en solitude, l'espace s'étend sans bornes devant vous, peu à peu l'ennui se dissipe, on éprouve une terreur secrète qui, loin d'abaisser l'âme, donne du courage et élève le génie. Des aspects extraordinaires décèlent de toutes parts une terre travaillée par des miracles: le soleil brûlant, l'aigle impétueux, le figuier stérile, toute la poésie, tous les tableaux de l'Écriture sont là. Chaque nom renferme un mystère; chaque grotte déclare l'avenir; chaque sommet retentit des accents d'un prophète. Dieu même a parlé sur ces bords: les torrents desséchés, les rochers fendus, les tombeaux entrouverts, attestent le prodige; le désert paraît encore muet de terreur, et l'on dirait qu'il n'a osé rompre le silence depuis qu'il a entendu la voix de l'Éternel.* »

Je quittai Jérusalem, j'arrivai à Jaffa, et je m'embarquai pour Alexandrie. Je foulai enfin le sol de Carthage. Je la visitai avant de m'embarquer pour l'Europe.

Quand je partis en 1806, un pèlerinage à Jérusalem paraissait une grande entreprise. Ores[1] que la foule m'a suivi et que tout le monde est en diligence, le merveilleux s'est évanoui.

Il est possible que mon *Itinéraire* demeure comme un manuel à l'usage des Juifs errants de ma sorte : j'ai marqué scrupuleusement les étapes et tracé une carte routière. Tous les voyageurs, à Jérusalem, m'ont écrit pour me féliciter et me remercier de mon exactitude.

Je suis en quelque façon le dernier visiteur de l'empire turc dans ses vieilles mœurs. Les révolutions, qui partout ont immédiatement précédé ou suivi mes pas, se sont étendues sur la Grèce, la Syrie, l'Égypte. Un nouvel Orient va-t-il se former ? qu'en sortira-t-il ? Recevrons-nous le châtiment mérité d'avoir appris l'art moderne des armes à des peuples dont l'état social est fondé sur l'esclavage et la polygamie ? Avons-nous porté la civilisation au-dehors, ou avons-nous amené la barbarie dans l'intérieur de la chrétienté ? Que résultera-t-il des nouveaux intérêts, des nouvelles relations politiques, de la création des puissances qui pourront surgir dans le Levant ? Personne ne saurait le dire. Je ne me laisse pas éblouir par des bateaux à vapeur, et des chemins de fer ; par la vente du produit des manufactures et par la fortune de quelques soldats français, anglais, allemands, italiens, enrôlés au

1. Maintenant.

service d'un pacha : tout cela n'est pas de la civilisation.

Plein d'espérance, je rapportai sous mon toit ma poignée de glanes ; mon repos ne fut pas de longue durée.

Au mois de juillet, je fis dans le *Mercure*, l'article dont j'ai cité des passages en parlant de la mort du duc d'Enghien : *Lorsque dans le silence de l'abjection…* Les prospérités de Bonaparte, loin de me soumettre, m'avaient révolté ; j'avais pris une énergie nouvelle dans mes sentiments et dans les tempêtes. Je ne portais pas en vain un visage brûlé par le soleil, et je ne m'étais pas livré au courroux du ciel pour trembler avec un front noirci devant la colère d'un homme.

Si Napoléon en avait fini avec les rois, il n'en avait pas fini avec moi. Mon article, tombant au milieu de ses prospérités et de ses merveilles, remua la France : on en répandit d'innombrables copies à la main ; on le lisait dans les salons, on le colportait de maison en maison. Il faut avoir vécu à cette époque pour se faire une idée de l'effet produit par une voix retentissant seule dans le silence du monde. Les nobles sentiments refoulés au fond des cœurs se réveillèrent. Napoléon s'emporta : on s'irrite moins en raison de l'offense reçue qu'en raison de l'idée que l'on s'est formée de soi. Comment ! mépriser jusqu'à sa gloire ; braver une seconde fois celui aux pieds duquel l'univers était prosterné ! « Chateaubriand croit-il que je suis un imbécile, que je ne le comprends pas ! Je le ferai sabrer sur les marches des Tuileries. » Il donna l'ordre de supprimer le *Mercure* et de m'arrêter. Ma personne échappa par miracle : Bonaparte eut à s'occuper du monde ; il m'oublia, mais je demeurai sous le poids de la menace.

Le premier livre de ces *Mémoires* est daté de *la Vallée-aux-Loups*, le 4 octobre 1811 : là se trouve la description de la petite retraite que j'achetai pour me cacher à cette époque.

La Vallée-aux-Loups, de toutes les choses qui me sont échappées, est la seule que je regrette ; il est écrit que rien ne me restera. Je défie le sort de m'attacher à présent au moindre morceau de terre ; je n'aurai, dorénavant, pour jardin que ces avenues honorées de si beaux noms autour des Invalides, et où je me promène avec mes confrères manchots et boiteux.

Je travaillais avec délices à mes *Mémoires*. Je m'étais établi au milieu de mes souvenirs comme dans une grande bibliothèque : je consultais celui-ci et puis celui-là, ensuite je fermais le registre en soupirant, car je m'apercevais que la lumière, en y pénétrant, en détruisait le mystère. Éclairez les jours de la vie, ils ne seront plus ce qu'ils sont.

De 1812 à 1814, il n'y a plus que deux années pour finir l'Empire, et ces deux années, je les employai à des recherches sur la France et à la rédaction de quelques livres de ces *Mémoires* ; mais je n'imprimai plus rien. Ma vie de poésie et d'érudition fut véritablement close par la publication de mes trois grands ouvrages, le *Génie du christianisme*, les *Martyrs* et l'*Itinéraire*. Mes écrits politiques commencèrent à la Restauration ; avec ces écrits également commença mon existence politique active. Ici donc se termine ma carrière littéraire proprement dite.

TROISIÈME PARTIE

MA CARRIÈRE POLITIQUE

Entrée des alliés dans Paris. – Publication de ma brochure « De Bonaparte et des Bourbons ». – Arrivée du comte d'Artois. – Première année de la Restauration. – Est-ce aux royalistes qu'il faut s'en prendre de la Restauration ? – L'île d'Elbe

Bonaparte avait fait injustement la guerre à Alexandre, son admirateur qui implorait la paix à genoux ; Bonaparte avait commandé le carnage de la Moskowa ; il avait forcé les Russes à brûler eux-mêmes Moscou ; Bonaparte avait dépouillé Berlin, humilié son roi, insulté sa reine : à quelles représailles devions-nous donc nous attendre ? vous l'allez voir.

L'armée des alliés entra dans Paris le 31 mars 1814, à midi, à dix jours seulement de l'anniversaire de la mort du duc d'Enghien, 21 mars 1804. L'empereur de Russie et le roi de Prusse étaient à la tête de leurs troupes. Je les vis défiler sur les boulevards. Stupéfait et anéanti au-dedans de moi, comme si l'on m'arrachait mon nom de Français pour y substituer le numéro par lequel je devais désormais être connu dans les mines de la Sibérie, je sentais en même temps mon exaspération s'accroître contre l'homme dont la gloire nous avait réduits à cette honte. Toutefois cette première invasion des alliés est demeurée sans exemple dans les annales du monde : l'ordre, la paix et la modération régnèrent partout. Les vaincus pouvaient être pris pour les vainqueurs ; ceux-ci, tremblant de leurs succès, avaient l'air d'en demander excuse. Le 31 mars 1814, des armées innombrables occupaient la France ; quelques mois après, toutes ces troupes repassèrent nos frontières, sans tirer un coup de fusil, sans verser une goutte de sang, depuis la rentrée des Bourbons. Après vingt-cinq années de combats, le bruit des armes cesse d'un bout de l'Europe à l'autre.

Cependant Napoléon n'était point encore détrôné ; plus de quarante mille des meilleurs soldats de la terre étaient autour de lui ; la population militaire bouillonnante pouvait répandre ses laves.

Ce fut dans ces jours critiques que je lançai ma brochure *De Bonaparte et des Bourbons* pour faire pencher la balance. Je me jetai à corps perdu dans la mêlée pour servir de bouclier à la liberté renaissante contre la tyrannie encore debout et dont le désespoir triplait les forces. Louis XVIII déclara que ma brochure lui avait plus profité qu'une armée de cent mille hommes.

Mon admiration pour Bonaparte a toujours été grande et sincère, alors même que j'attaquais Napoléon avec le plus de vivacité. Le train du jour est de magnifier les victoires de Bonaparte : on n'entend plus les imprécations, les cris de douleur et de détresse des victimes ; on ne voit plus la France épuisée labourant son sol avec des femmes ; on ne voit plus ces affiches de conscription collées au coin des rues, les passants attroupés devant ces immenses arrêts de mort et y cherchant, consternés, les noms de leurs enfants, de leurs frères, de leurs amis, de leurs voisins. On oublie que tout le monde se lamentait des triomphes ; on oublie que la moindre allusion contre Bonaparte au théâtre, échappée aux censeurs, était saisie avec transport ; on oublie que le peuple, la Cour, les généraux, les ministres, les proches de Napoléon, étaient las de son oppression et de ses conquêtes, las de cette partie toujours gagnée et jouée toujours, de cette existence remise en question chaque matin par l'impossibilité du repos. Au moment de sa chute la France n'a pas prétendu défendre Napoléon ; bien au contraire, elle l'a volontairement délaissé ; dans nos dégoûts amers, nous ne reconnaissions plus en lui que l'auteur et le contempteur de nos misères. Les alliés ne nous ont point vaincus : c'est nous qui, choisissant entre deux fléaux, avons renoncé à répandre notre sang, qui ne coulait plus pour nos libertés.

Le 12 avril, le comte d'Artois arriva en qualité de lieutenant général du royaume. Trois ou quatre cents hommes à cheval allèrent au-devant de lui ; j'étais de la troupe. Il charmait par sa bonne grâce, différente des manières de l'Empire.

La veille du jour de l'entrée du comte d'Artois, Napoléon avait fait connaître l'acte de son abdication. Je craignais l'effet de l'apparition de Louis XVIII. Qu'allait-on penser de l'aspect de l'invalide royal remplaçant le cavalier qui avait pu dire comme Attila : « L'herbe ne croît plus partout où mon cheval a passé » ?

Dans la première année de la Restauration, j'assistai à la troisième transformation sociale : j'avais vu la vieille monarchie passer à la monarchie constitutionnelle et celle-ci à la république ; j'avais vu la république se convertir en despotisme militaire, je voyais le despotisme militaire revenir à une monarchie libre, les nouvelles idées et les nouvelles générations se reprendre aux anciens principes et aux vieux hommes.

Est-ce aux royalistes qu'il faut *s'en prendre de la Restauration*, comme on l'avance aujourd'hui ? Pas le moins du monde : ne dirait-on pas que trente millions d'hommes étaient consternés tandis qu'une poignée de légitimistes accomplissaient, contre la volonté de tous, une restauration détestée, en agitant quelques mouchoirs et en mettant à leur chapeau un ruban de leur femme ? L'immense majorité des Français était, il est vrai, dans la joie ; mais cette majorité n'était point légitimiste dans le sens borné de ce mot, et comme ne s'appliquant qu'aux rigides partisans de la vieille monarchie. Cette majorité était une foule prise dans toutes les nuances des opinions, heureuse d'être délivrée, et violemment animée contre l'homme qu'elle accusait de tous ses malheurs ; de là le succès de ma brochure.

Mme de Montcalm m'avait envoyé un sac de douze cents francs pour les distribuer à la pure race légitimiste : je le lui renvoyai, n'ayant pas trouvé à placer un écu. On attacha une ignoble corde au cou de la statue qui surmontait la colonne de la place Vendôme ; il y avait si peu de royalistes pour faire du train à la gloire et pour tirer sur la corde, que ce furent les autorités, toutes bonapartistes, qui descendirent l'image de leur maître à l'aide d'une potence. Ce sont les hommes de la République et de l'Empire qui saluèrent avec enthousiasme la Restauration.

Bonaparte avait refusé de s'embarquer sur un vaisseau français, ne faisant cas alors que de la marine anglaise, parce qu'elle était victorieuse ; il avait oublié sa haine, les calomnies, les outrages dont il avait accablé la perfide Albion ; il ne voyait plus de digne de son admiration que le parti triomphant, et ce fut l'*Undaunted* qui le transporta au port de son premier exil.

Napoléon fut conduit à la mairie ; son logement y était préparé. Il forma sa maison : elle se composait de quatre chambellans, de trois officiers d'ordonnance et de deux fourriers du palais. Il déclara qu'il recevrait les dames deux fois par semaine, à huit heures du soir. Il donna un bal.

Les puissances alliées se réjouissaient de lui avoir laissé en dérision quatre cents soldats ; il ne lui en fallait pas davantage pour les rappeler tous sous le drapeau. Si nous eussions été moins confiants, il nous eût été facile de découvrir l'approche d'une catastrophe. Bonaparte était trop près de son berceau et de ses conquêtes ; son île funèbre devait être plus lointaine et entourée de plus de flots. On ne s'explique pas comment les alliés avaient imaginé de reléguer Napoléon sur les rochers où il devait faire l'apprentissage de l'exil : pouvait-on croire qu'à la vue des Apennins, qu'en sentant la poudre des champs d'Arcole et de Marengo, qu'en découvrant Venise, Rome et Naples, ses trois belles esclaves, les tentations les plus irrésistibles ne s'empareraient pas de son cœur ? Avait-on oublié qu'il avait remué la terre et qu'il avait partout des admirateurs et des obligés, les uns et les autres ses complices ? Son ambition était déçue, non éteinte ; l'infortune et la vengeance en ranimaient les flammes.

Commencement des Cent-Jours. – Fuite du roi. – Je pars avec Mme de Chateaubriand. – Le roi, arrivé à Gand, m'appelle auprès de lui. – Je deviens ministre de l'Intérieur par intérim. – Bataille de Waterloo. – Nouvelle abdication de Bonaparte

Tout à coup le télégraphe annonça aux braves et aux incrédules le débarquement de l'homme.

La hardiesse de l'entreprise était inouïe. Sous le point de vue politique, on pourrait regarder cette entreprise comme le crime irrémissible et la faute capitale de Napoléon. Il immolait à sa passion de reparaître sur la scène le repos d'un peuple qui lui avait prodigué son sang et ses trésors. Il y eut dans cette conception fantastique un égoïsme féroce, un manque effroyable de reconnaissance et de générosité envers la France.

Tout cela est vrai selon la raison pratique, pour un homme à entrailles plutôt qu'à cervelle ; mais, pour les êtres de la nature de Napoléon, une raison d'une autre sorte existe. Les individus extraordinaires sont les monuments de l'intelligence humaine ; ils n'en sont pas la règle. Ce n'est pas tout de naître, pour un grand homme : il faut mourir. L'île d'Elbe était-elle une fin pour Napoléon ?

Le 1er mars, à trois heures du matin, il aborde la côte de France entre Cannes et Antibes, dans le golfe Juan. Pendant vingt jours, Bonaparte marche par étapes ; ses aigles volent de clocher en clocher, et sur une route de deux cents lieues, le gouvernement, maître de tout, disposant de l'argent et des bras, ne trouve ni le temps ni le moyen de couper un pont, d'abattre un arbre, pour retarder au moins d'une heure la marche d'un homme à qui les populations ne s'opposaient pas, mais qu'elles ne suivaient pas non plus.

Des conférences se tenaient chez le président de la Chambre des députés. Les propositions étaient diverses ; la plupart faibles, comme il advient dans le péril : les uns voulaient que le roi quittât Paris et se retirât au Havre ; les autres parlaient de le transporter dans la Vendée ; ceux-ci barbouillaient des phrases sans conclusion ; ceux-là disaient qu'il fallait attendre et voir venir : ce qui venait était pourtant fort visible.

J'exprimai une opinion différente. Je disais donc :

« *Que le roi reste dans sa capitale. La garde nationale est pour nous. Nous avons les armes et l'argent : avec l'argent nous aurons la faiblesse et la cupidité. Si le roi quitte Paris, Paris laissera entrer Bonaparte ; Bonaparte maître de Paris est maître de la France. Résistons seulement trois jours, et la victoire est à nous. Le roi, se défendant dans son château, causera un enthousiasme universel. Enfin, s'il doit mourir, qu'il meure digne de son rang ; que le dernier exploit de Napoléon soit l'égor-*

gement d'un vieillard. Louis XVIII, en sacrifiant sa vie, gagnera la seule bataille qu'il aura livrée ; il la gagnera au profit de la liberté du genre humain.»

Cette résolution, en apparence désespérée, était au fond très raisonnable et n'offrait pas le moindre danger. Je resterai toujours convaincu que Bonaparte, trouvant Paris ennemi et le roi présent, n'aurait pas essayé de les forcer. Sans artillerie, sans vivres, sans argent, il n'avait avec lui que des troupes réunies au hasard, encore flottantes, étonnées de leur brusque changement de cocarde, de leurs serments prononcés à la volée sur les chemins : elles se seraient promptement divisées. Quelques heures de retard perdaient Napoléon ; il suffisait d'avoir un peu de cœur. Une seule chose eût été à craindre après le succès : la trop grande confiance de la royauté dans ses forces, et par conséquent des entreprises sur les droits de la nation.

Pourquoi suis-je venu à une époque où j'étais si mal placé ? Pourquoi ai-je été royaliste contre mon instinct dans un temps où une misérable race de cour ne pouvait ni m'entendre ni me comprendre ? Pourquoi ai-je été jeté dans cette troupe de médiocrités qui me prenaient pour un écervelé, quand je parlais courage ; pour un révolutionnaire, quand je parlais liberté ?

La grande mesure décrétée contre Bonaparte fut un ordre de *courir sus* : Louis XVIII, sans jambes, *courir sus* le conquérant qui enjambait la terre ! Cette formule des anciennes lois, renouvelée à cette occasion, suffit pour montrer la portée d'esprit des hommes d'État de cette époque. *Courir sus* en 1815! *courir sus!* et *sus* qui? *sus* un loup? *sus* un chef de brigands? *sus* un seigneur félon? Non: *sus* Napoléon qui avait *couru sus* les rois, les avait saisis et marqués pour jamais à l'épaule de son *N* ineffaçable! De cette ordonnance sortait une vérité politique que personne ne voyait: la race légitime, étrangère à la nation pendant vingt-trois années, était restée au jour et à la place où la Révolution l'avait prise, tandis que la nation avait marché dans le temps et l'espace.

Il était évident que l'on méditait une escampative[1]: dans la crainte d'être retenu, on n'avertissait pas même ceux qui, comme moi, auraient été fusillés une heure après l'entrée de Napoléon à Paris. Je m'obstinai à rester, ne voulant quitter Paris que quand je serais physiquement sûr du déménagement royal. Le domestique envoyé à la découverte revint: il avait vu défiler les voitures de la Cour. Mme de Chateaubriand me poussa dans sa voiture, le 20 mars, à quatre heures du matin.

Nous allâmes à Bruxelles. Je cherchais Louis XVIII; il était à Gand.

Un ordre du roi m'appela à Gand. Le roi, bien logé, ayant son service et ses gardes, forma son conseil. Louis XVIII me nomma ministre de l'Intérieur *par intérim*.

1. Du verbe ancien « escamper »: prendre la fuite (*cf.* prendre la poudre d'escampette).

Je vous fais voir l'envers des événements que l'Histoire ne montre pas; l'Histoire n'étale que l'endroit. Les Mémoires ont l'avantage de présenter l'un et l'autre côté du tissu: sous ce rapport, ils peignent mieux l'humanité complète en exposant, comme les tragédies de Shakespeare, les scènes basses et hautes. Gand n'était donc qu'un vestiaire derrière les coulisses du spectacle ouvert à Paris. Des *petits Cent-Jours* à Gand, passons aux *grands Cent-Jours* à Paris.

Je vous ai dit les raisons qui auraient dû arrêter Bonaparte à l'île d'Elbe, et la nécessité tirée de sa nature qui le contraignirent de sortir de l'exil. Mais la marche de Cannes à Paris épuisa ce qui lui restait du vieil homme: à Paris le talisman fut brisé. Il avait laissé la France muette et prosternée, il la trouvait debout et parlante: dans la naïveté de son esprit absolu, il prenait la liberté pour le désordre.

Napoléon n'avait trouvé de fidèles que les fantômes de sa gloire passée; ils l'escortèrent du lieu de son débarquement jusqu'à la capitale de la France. Mais les aigles, qui avaient *volé de clocher en clocher* de Cannes à Paris, s'abattirent fatiguées sur les cheminées des Tuileries, sans pouvoir aller plus loin.

La nouvelle du débarquement de Bonaparte à Cannes était arrivée à Vienne le 3 mars. Alexandre[1] venait de recevoir le projet d'alliance entre la France, l'Autriche et l'Angleterre: il hésita un

1. Alexandre Ier, empereur de Russie de 1801 à 1825.

moment entre les deux nouvelles, puis il dit: «Il ne s'agit pas de moi, mais du salut du monde.» Et une estafette porte à Saint-Pétersbourg l'ordre de faire partir la garde. Les armées qui se retiraient s'arrêtent; leur longue ligne fait volte-face, et huit cent mille ennemis tournent le visage vers la France. Bonaparte se prépare à la guerre.

Le 18 juin 1815, vers midi, je sortis de Gand par la porte de Bruxelles. J'avais emporté les *Commentaires* de César et je cheminais lentement, plongé dans ma lecture. J'étais déjà à plus d'une lieue de la ville, lorsque je crus ouïr un roulement sourd: je m'arrêtai, regardai le ciel assez chargé de nuées, délibérant en moi-même si je continuerais d'aller en avant, ou si je me rapprocherais de Gand dans la crainte d'un orage. Je prêtai l'oreille; je n'entendis plus que le cri d'une poule d'eau dans des joncs et le son d'une horloge de village. Je poursuivis ma route: je n'avais pas fait trente pas que le roulement recommença, tantôt bref, tantôt long et à intervalles inégaux; quelquefois il n'était sensible que par une trépidation de l'air, laquelle se communiquait à la terre sur ces plaines immenses, tant il était éloigné. Ces détonations moins vastes, moins onduleuses, moins liées ensemble que celles de la foudre, firent naître dans mon esprit l'idée d'un combat. Je me trouvais devant un peuplier planté à l'angle d'un champ de houblon. Je traversai le chemin et je m'appuyai debout contre le tronc de l'arbre, le visage tourné du côté de Bruxelles. Un vent du sud s'étant levé m'apporta plus distinctement le bruit de l'artillerie. Cette grande bataille, encore sans nom, dont j'écoutais les échos au pied d'un peuplier, et dont une horloge de village venait de sonner les funérailles inconnues, était la bataille de Waterloo!

Auditeur silencieux et solitaire du formidable arrêt des destinées, j'aurais été moins ému si je m'étais trouvé dans la mêlée: le péril, le feu, la cohue de la mort ne m'eussent pas laissé le temps de méditer; mais seul sous un arbre, dans la campagne de Gand, comme le berger des troupeaux qui paissaient autour de moi, le poids des réflexions m'accablait: Quel était ce combat? Était-il définitif? Napoléon était-il là en personne? Succès ou revers de l'une ou de l'autre armée, quelle serait la conséquence de l'événement pour les peuples, liberté ou esclavage? Mais quel sang coulait! chaque bruit parvenu à mon oreille n'était-il pas le dernier soupir d'un Français? Était-ce un nouveau Crécy, un nouveau Poitiers, un nouvel Azincourt, dont allaient jouir les plus implacables ennemis de la France? S'ils triomphaient, notre gloire n'était-elle pas perdue? Si Napoléon l'emportait, que devenait notre liberté? Bien qu'un succès de Napoléon m'ouvrît un exil éternel, la patrie l'emportait dans ce moment dans mon cœur.

Wellington triomphait-il? La légitimité rentrerait donc dans Paris derrière ces uniformes rouges qui venaient de reteindre leur pourpre au sang des Français! La royauté aurait donc pour carrosses de son sacre les chariots d'ambulance remplis de nos grenadiers mutilés ! Que sera-ce qu'une restauration accomplie sous de tels auspices ?... Ce n'est là qu'une bien petite partie des idées qui me tourmentaient. Chaque coup de canon me donnait une secousse et doublait le battement de mon cœur.

Mais voici venir un courrier : j'arrête le courrier et l'interroge. Il me dit : « Bonaparte est entré hier (17 juin) dans Bruxelles, après un combat sanglant. La bataille a dû recommencer aujourd'hui (18 juin). On croit à la défaite définitive des alliés, et l'ordre de la retraite est donné. » Le courrier continua sa route. Je le suivis en me hâtant. Tout était dans la confusion quand je rentrai à Gand : on fermait les portes de la ville.

Le 19 juin, à une heure du matin, une lettre transmise au roi par estafette rétablit la vérité des faits. Bonaparte n'était point entré dans Bruxelles ; il avait décidément perdu la bataille de Waterloo.

Le premier courrier qui transmit à Paris la nouvelle de cette défaite, une des plus grandes de l'Histoire par ses résultats, fut Napoléon lui-même : il rentra dans les barrières la nuit du 21 ; on eût dit de ses mânes revenant pour apprendre à ses amis qu'il n'était plus. Bonaparte abdiqua pour n'être pas contraint d'abdiquer.

Tandis que Bonaparte se retirait à la Malmaison avec l'Empire fini, nous, nous partions de Gand avec la monarchie recommençante.

Bonaparte. – Je suis nommé pair de France. – « La Monarchie selon la Charte ». – Je suis rayé de la liste des ministres d'État. – Je vends mes livres et ma Vallée. – « Le Conservateur ». – Mort du duc de Berry. – Naissance du duc de Bordeaux

Si un homme était soudain transporté des scènes les plus bruyantes de la vie au rivage silencieux de l'océan glacé, il éprouverait ce que j'éprouve auprès du tombeau de Napoléon, car nous voici tout à coup au bord de ce tombeau.

Bonaparte n'est plus le vrai Bonaparte, c'est une figure légendaire composée des lubies du poète, des devis[1] du soldat et des contes du peuple ; c'est le Charlemagne et l'Alexandre des épopées du Moyen Âge que nous voyons aujourd'hui.

Bonaparte appartenait si fort à la domination absolue, qu'après avoir subi le despotisme de sa personne, il nous faut subir le despotisme de sa mémoire. Il est temps de placer en regard de la partie défectueuse de l'idole la partie achevée.

Bonaparte n'est point grand par ses paroles, ses discours, ses écrits, par l'amour des libertés qu'il n'a jamais eu et n'a jamais prétendu établir ; il est grand

1. Au sens de racontars (*cf.* « deviser »).

pour avoir créé un gouvernement régulier et puissant, un code de lois adopté en divers pays, des cours de justice, des écoles, une administration forte, active, intelligente, et sur laquelle nous vivons encore ; il est grand pour avoir ressuscité, éclairé et géré supérieurement l'Italie ; il est grand pour avoir fait renaître en France l'ordre du sein du chaos, pour avoir relevé les autels, pour avoir réduit de furieux démagogues, d'orgueilleux savants, des littérateurs anarchiques, des athées voltairiens, des orateurs de carrefours, des égorgeurs de prisons et de rues, des claque-dents de tribune, de clubs et d'échafauds, pour les avoir réduits à servir sous lui ; il est grand pour avoir enchaîné une tourbe anarchique ; il est grand pour avoir fait cesser les familiarités d'une commune fortune, pour avoir forcé des soldats ses égaux, des capitaines ses chefs ou ses rivaux, à fléchir sous sa volonté ; il est grand surtout pour être né de lui seul, pour avoir su, sans autre autorité que celle de son génie, pour avoir su, lui, se faire obéir par trente-six millions de sujets à l'époque où aucune illusion n'environne les trônes ; il est grand pour avoir abattu tous les rois ses opposants, pour avoir défait toutes les armées quelle qu'ait été la différence de leur discipline et de leur valeur, pour avoir appris son nom aux peuples sauvages comme aux peuples civilisés, pour avoir surpassé tous les vainqueurs qui le précédèrent, pour avoir rempli dix années de tels prodiges qu'on a peine aujourd'hui à les comprendre.

Napoléon n'a nul besoin qu'on lui prête des mérites ; il fut assez doué en naissant.

Retomber de Bonaparte et de l'Empire à ce qui les a suivis, c'est tomber de la réalité dans le néant, du sommet d'une montagne dans un gouffre. Tout n'est-il pas terminé avec Napoléon ? Aurais-je dû parler d'autre chose ? Quel personnage peut intéresser en dehors de lui ? De qui et de quoi peut-il être question, après un pareil homme ? Comment nommer Louis XVIII en place de l'empereur ?

La Restauration offre du moins un point où l'on peut retrouver de l'importance : si le despotisme a été remplacé par la liberté, si nous entendons quelque chose à l'indépendance, si nous avons perdu l'habitude de ramper, si les droits de la nature humaine ne sont plus méconnus, c'est à la Restauration que nous en sommes redevables.

Les élections de 1815 donnèrent au roi la Chambre *introuvable*. L'ordonnance qui m'appelait à la Chambre des pairs m'arriva. J'étais placé dans une assemblée où ma parole, les trois quarts du temps, tournait contre moi. On peut remuer une chambre populaire ; une chambre aristocratique est sourde. Sans tribune, à huis clos devant des vieillards, restes desséchés de la vieille monarchie, de la Révolution et de l'Empire, ce qui sortait du ton le plus commun paraissait folie. Les orateurs qui réussissaient dans cette Chambre étaient ceux qui parlaient sans idées, d'un ton égal et monotone.

Mes travaux ne se bornaient pas à la tribune, si

nouvelle pour moi. Épouvanté de l'ignorance de la France sur les principes du gouvernement représentatif, j'écrivais et je faisais imprimer *La Monarchie selon la Charte. La Monarchie selon la Charte* est un catéchisme constitutionnel : c'est là que l'on a puisé la plupart des propositions que l'on avance comme nouvelles aujourd'hui. Ainsi ce principe, que *le roi règne et ne gouverne pas*.

Peu de temps après, une ordonnance me raya de la liste des ministres d'État, et je fus privé d'une place réputée jusqu'alors inamovible ; elle m'avait été donnée à Gand, et la pension attachée à cette place me fut retirée. Ma nature me rendit parfaitement insensible à la perte de mes appointements ; j'en fus quitte pour me remettre à pied et pour aller, les jours de pluie, en fiacre à la Chambre des pairs. Dans mon équipage populaire, sous la protection de la canaille qui roulait autour de moi, je rentrai dans les droits des prolétaires dont je fais partie : du haut de mon fiacre, je dominai le train des rois.

Je fus obligé de vendre mes livres. Je ne gardai qu'un petit Homère grec, à la marge duquel se trouvaient des essais de traductions et des remarques écrites de ma main. Peu de temps après, ma Vallée-aux-Loups fut vendue comme on vend les meubles des pauvres, sur la place du Châtelet. Je souffris beaucoup de cette vente ; je m'étais attaché à mes arbres, plantés et grandis, pour ainsi dire, dans mes souvenirs.

Je sentais que mes combats de tribune, dans une

Chambre fermée, et au milieu d'une assemblée qui m'était peu favorable, restaient inutiles à la victoire et qu'il me fallait avoir une autre arme. La censure étant établie sur les feuilles périodiques quotidiennes, je ne pouvais remplir mon dessein qu'au moyen d'une feuille libre, semi-quotidienne, à l'aide de laquelle j'attaquerais à la fois le système des ministres et les opinions de l'extrême gauche. Mon libraire, M. Le Normant, me vint voir. Je lui fis part de l'idée qui m'occupait ; il prit feu, s'offrit à courir tous les risques et se chargea de tous les frais. Le journal ne tarda pas à paraître sous le nom de *Conservateur.* La révolution opérée par ce journal fut inouïe : les royalistes me durent l'avantage de sortir du néant dans lequel ils étaient tombés auprès des peuples et des rois. Je mis la plume à la main aux plus grandes familles de France. Je fis marcher la féodalité au secours de la liberté de la presse.

Je venais de me coucher, le 13 février au soir, lorsque le marquis de Vibraye entra chez moi pour m'apprendre l'assassinat du duc de Berry[1]. Dans sa précipitation, il ne me dit pas le lieu où s'était passé l'événement. Je me levai à la hâte et je montai dans la voiture de M. de Vibraye. Je fus surpris de voir le cocher prendre la rue de Richelieu et plus étonné encore quand il nous arrêta à l'Opéra : la foule aux abords était immense. J'entrai immédiatement.

1. Le deuxième fils du comte d'Artois (futur Charles X).

Qu'on se figure une salle de spectacle vide, après la catastrophe d'une tragédie : le rideau levé, l'orchestre désert, les lumières éteintes, les machines immobiles, les décorations fixes et enfumées, les comédiens, les chanteurs, les danseuses, disparus par les trappes et les passages secrets ! La monarchie de saint Louis dans un lieu frappé des foudres de l'Église, parmi les débauches du carnaval, expirait sous le masque.

Le 18 février 1820, *Le Conservateur* paya le tribut de ses regrets à la mémoire de M. le duc de Berry. La censure arriva, et, malgré l'assassinat, je votai contre elle.

M. le duc de Bordeaux vint au monde le 29 septembre 1820[1]. Le nouveau-né fut nommé *l'enfant de l'Europe* et *l'enfant du miracle*, en attendant qu'il devînt l'enfant de l'exil. Si je consentais à m'éloigner, je serais envoyé à Berlin.

1. Le dernier représentant de la branche aînée des Bourbons, et fils posthume du duc de Berry.

Ambassade de Berlin. – Ambassade de Londres. – Billet de M. de Villèle m'annonçant ma nomination au Congrès. – Je quitte Londres. – Délivrance du roi d'Espagne. – Ma destitution. – Mort de Louis XVIII. – Sacre de Charles X. – La « loi de justice et d'amour ». – Chute du ministère Villèle. – J'accepte l'ambassade de Rome

Je partis de Paris le 1er janvier 1821 : la Seine était gelée, et pour la première fois je courais sur les chemins avec les conforts de l'argent. Je revenais peu à peu de mon mépris des richesses ; je commençais à sentir qu'il était assez doux de rouler dans une bonne voiture, d'être bien servi, de n'avoir à se mêler de rien. Mais je m'habituai vite à mon bonheur ; j'avais le pressentiment qu'il durerait peu, et que je serais bientôt remis à pied comme il était convenable. J'arrivai à Berlin.

Berlin m'a laissé un souvenir durable, parce que la nature des récréations que j'y trouvai me reporta au temps de mon enfance et de ma jeunesse ; seulement, des princesses très réelles remplissaient le rôle de ma sylphide.

Tout ce que je rappelle ici ne peut sans doute intéresser personne ; mais tel est l'inconvénient des

Mémoires : lorsqu'ils n'ont point de faits historiques à raconter, ils ne vous entretiennent que de la personne de l'auteur et vous en assomment. Laissons là ces ombres oubliées !

J'avais demandé un congé à l'occasion du baptême du duc de Bordeaux. J'avais eu trop de part aux derniers mouvements politiques et j'exerçais une trop grande influence sur l'opinion pour qu'on me pût laisser de côté. Il fut résolu que je remplacerais M. le duc Decazes à l'ambassade de Londres.

L'arrivée du roi, la rentrée du Parlement, l'ouverture de la saison des fêtes, mêlaient les devoirs, les affaires et les plaisirs : on ne pouvait rencontrer les ministres qu'à la Cour, au bal ou au Parlement. La journée de Londres était ainsi distribuée : à six heures du matin, on courait à une partie fine, consistant dans un premier déjeuner à la campagne ; on revenait déjeuner à Londres ; on changeait de toilette pour la promenade de Bond Street ou de Hyde Park. On se rhabillait pour dîner à sept heures et demie ; on se rhabillait pour l'Opéra ; à minuit, on se rhabillait pour une soirée ou pour un raout. Quelle vie enchantée ! J'aurais préféré cent fois les galères. Le suprême bon ton était de ne pouvoir pénétrer dans les petits salons d'un bal privé, de rester dans l'escalier obstrué par la foule, et de se trouver nez à nez avec le duc de Somerset ; béatitude où je suis arrivé une fois. Les Anglais de la nouvelle race sont infiniment plus frivoles que nous.

Dans le courant des mois de juin et de juillet, les affaires d'Espagne commencèrent à occuper sérieusement le cabinet de Londres. Le ministère craignait qu'en cas de rupture nous ne l'emportassions sur les Espagnols ; les ministres des autres puissances tremblaient que nous ne fussions battus ; ils voyaient toujours notre armée prenant la cocarde tricolore.

Depuis le Congrès de Vienne et d'Aix-la-Chapelle, les princes de l'Europe avaient la tête tournée de congrès : c'était là qu'on s'amusait et qu'on se partageait quelques peuples. À peine le Congrès commencé à Laybach et continué à Troppau était-il fini, qu'on songea à en convoquer un autre à Vienne, à Ferrare ou à Vérone ; les affaires d'Espagne offraient l'occasion d'en hâter le moment. Chaque cour avait déjà désigné son ambassadeur.

Je voyais à Londres tout le monde se préparer à partir pour Vérone : comme ma tête était remplie des affaires d'Espagne, et comme je rêvais un plan pour l'honneur de la France, je croyais pouvoir être de quelque utilité au nouveau Congrès en me faisant connaître sous un rapport auquel on ne songeait pas. Je reçus tout à coup de M. de Villèle ce billet inattendu :

« *27 août 1822.*

« *Mon cher Chateaubriand, il vient d'être arrêté qu'aussitôt que les convenances relatives au retour du roi à*

Londres vous le permettront, vous serez autorisé à vous rendre à Paris, pour de là pousser jusqu'à Vienne ou jusqu'à Vérone comme un des trois plénipotentiaires chargés de représenter la France au Congrès. Je suis heureux que cette affaire ait pris la tournure que vous désiriez ; de cœur tout à vous. »

D'après ce billet, je me préparai à partir.

Je m'embarquai à Douvres le 8 de septembre 1822, dans le même port d'où, vingt-deux ans auparavant, *M. Lassagne*, le Neuchâtelois, avait fait voile. De ce premier départ au moment où je tiens la plume, trente-neuf années sont accomplies. Lorsqu'on regarde ou qu'on écoute sa vie passée, on croit voir sur une mer déserte la trace d'un vaisseau qui a disparu ; on croit entendre les glas d'une cloche dont on n'aperçoit point la vieille tour.

Ma guerre d'Espagne, le grand événement politique de ma vie, était une gigantesque entreprise. La Légitimité allait pour la première fois brûler de la poudre sous le drapeau blanc[1], tirer son premier coup de canon après ces coups de canon de l'Empire qu'entendra la dernière postérité.

J'avais devant moi une France ennemie des Bourbons et deux grands ministres étrangers, le

1. Au congrès de Vérone, il avait été décidé que la France enverrait des troupes en Espagne afin d'y soutenir le roi Ferdinand VII et de rétablir la monarchie absolue à Madrid.

prince de Metternich et M. Canning. Il ne se passait pas de jour que je ne reçusse des lettres qui m'annonçaient une catastrophe, car la guerre avec l'Espagne n'était pas du tout populaire, ni en France, ni en Europe. En effet, quelque temps après mes succès dans la Péninsule, ma chute ne tarda pas à arriver.

Dans notre ardeur après la dépêche télégraphique qui annonçait la délivrance du roi d'Espagne, nous autres ministres nous courûmes au château. Là, j'eus un pressentiment de ma chute : je reçus sur la tête un seau d'eau froide qui me fit rentrer dans l'humilité de mes habitudes. Le roi et Monsieur[1] ne nous aperçurent point.

Le jour de la Pentecôte, 6 juin 1824, j'étais arrivé dans les premiers salons de Monsieur : un huissier vint me dire qu'on me demandait. C'était Hyacinthe, mon secrétaire. J'ouvris le paquet qu'il me présentait ; j'y trouvai ce billet de M. de Villèle :

« *Monsieur le vicomte,*

« *J'obéis aux ordres du roi en transmettant de suite à Votre Excellence une ordonnance que Sa Majesté vient de rendre.*

« *Le sieur comte de Villèle, président de notre conseil des ministres, est chargé par intérim du portefeuille des affaires étrangères, en remplacement du sieur vicomte de Chateaubriand.* »

1. Le frère aîné de Louis XVIII, le comte d'Artois.

Et pourtant qu'avais-je fait ? Où étaient mes intrigues et mon ambition ? Avais-je désiré la place de M. de Villèle en allant seul et caché me promener au fond du bois de Boulogne ? Ce fut cette vie étrange qui me perdit. J'avais la simplicité de rester tel que le ciel m'avait fait, et, parce que je n'avais envie de rien, on crut que je voulais tout. Aujourd'hui, je conçois très bien que ma vie à part était une grande faute. Comment ! vous ne voulez rien être ? Allez-vous-en ! Nous ne voulons pas qu'un homme méprise ce que nous adorons, et qu'il se croie en droit d'insulter à la médiocrité de notre vie.

La ville et la Cour accoururent car il n'y eut qu'un cri sur l'outrecuidance de mon renvoi après le service que je venais de rendre ; on était persuadé que ma disgrâce serait de courte durée ; on se donnait l'air de l'indépendance en consolant un malheur de quelques jours, au bout desquels on rappellerait fructueusement à l'infortuné revenu en puissance qu'on ne l'avait point abandonné.

On se trompait ; on en fut pour les frais de courage : on avait compté sur ma platitude, sur mes pleurnicheries, sur mon ambition de chien couchant, sur mon empressement à me déclarer moi-même coupable, à faire le pied de grue auprès de ceux qui m'avaient chassé : c'était mal me connaître. Je me retirai sans réclamer même le traitement qui m'était dû, sans recevoir ni une faveur ni une obole de la Cour ; et je pris les armes. L'idée que j'avais du gouvernement représentatif me conduisit à entrer dans l'opposition. Je commençai le combat de ma nouvelle opposition immédiatement après ma chute, mais il fut interrompu par la mort de Louis XVIII, et il ne reprit vivement qu'après le sacre de Charles X.

La maladie du roi me rappela à Paris. Le roi mourut le 16 septembre, quatre mois à peine après ma destitution. Ma brochure ayant pour titre : *Le Roi est mort : vive le Roi !* dans laquelle je saluais le nouveau souverain, opéra pour Charles X ce que ma brochure *De Bonaparte et des Bourbons* avait opéré pour Louis XVIII. Charles X popularisa l'ouverture de son règne par l'abolition de la censure ; le sacre eut lieu au printemps de 1825.

La loi sur la police de la presse, que l'on appela la *loi de justice et d'amour*, dut principalement sa chute à mes attaques. J'arrivai au plus haut point de mon importance politique. Après ma chute je devins à l'intérieur le dominateur avoué de l'opinion.

Ceux qui m'avaient accusé d'avoir commis une faute irréparable en reprenant la plume étaient obligés de reconnaître que je m'étais formé un autre empire plus puissant que le premier. La jeune France était passée tout entière de mon côté et ne m'a pas quitté depuis. Dans plusieurs classes industrielles, les ouvriers étaient à mes ordres, et je ne pouvais plus faire un pas dans les rues sans être entouré. D'où me venait cette popularité ? de ce que j'avais connu le véritable esprit de la France.

J'étais parti pour le combat avec un seul journal, et j'étais devenu le maître de presque tous les autres. Mon audace me venait de mon indifférence : comme il m'aurait été parfaitement égal d'échouer, j'allais au succès sans m'embarrasser de la chute.

Le projet de loi sur la police de la presse ayant été retiré, Paris illumina. Je fus frappé de cette manifestation publique, pronostic mauvais pour la monarchie : l'opposition avait passé dans le peuple, et le peuple, par son caractère, transforme l'opposition en révolution.

M. de Villèle résolut de dissoudre la Chambre élective. Le rétablissement de la censure précéda la dissolution. J'attaquai plus vivement que jamais ; les oppositions s'unirent, les élections des petits collèges furent toutes contre le ministère, à Paris la gauche triompha. Paris illumina de nouveau : il y eut des scènes sanglantes ; des barricades se formèrent, et les troupes envoyées pour rétablir l'ordre furent obligées de faire feu : ainsi se préparaient les dernières et fatales journées.

M. de Villèle, réduit à l'extrémité, songea à renvoyer une partie de ses collègues et négocia avec MM. Laffitte et Casimir Perier. La mèche fut éventée. L'heure du président sonna, et le portefeuille tomba de ses mains. J'avais rugi en me retirant des affaires ; M. de Villèle se coucha. Les nouveaux ministres exigèrent son bannissement à la Chambre des pairs, et il l'accepta.

M. de Chabrol, chargé de composer le nouveau

ministère, me mit en tête de sa liste : j'en fus rayé avec indignation par Charles X. Restait le ministère de la Marine : on me l'offrit ; je ne l'acceptai point. M. le comte Roy me pria de lui indiquer quelqu'un qui me fût agréable et que je choisirais dans la couleur de mon opinion. Je désignai M. Hyde de Neuville.

M. Roy me vint apprendre le succès de sa négociation ; il ajouta : « Le roi désire que vous acceptiez une ambassade ; si vous le voulez, vous irez à Rome. » Ce mot de Rome eut sur moi un effet magique ; j'éprouvai la tentation à laquelle les anachorètes étaient exposés dans le désert. Charles X, en prenant à la Marine l'ami que je lui avais désigné, faisait les premières avances ; je ne pouvais plus me refuser à ce qu'il attendait de moi : je consentis donc encore à m'éloigner. Du moins, cette fois, l'exil me plaisait.

Mme Récamier

Avant de continuer mon récit, je dois parler d'une femme qu'on ne perdra plus de vue jusqu'à la fin de ces *Mémoires*, Mme Récamier.

Elle rencontra aux divers rangs de la société les personnages plus ou moins célèbres engagés sur la scène du monde ; tous lui ont rendu un culte ; sa beauté mêle son existence idéale aux faits matériels de notre histoire ; lumière sereine éclairant un tableau d'orage.

En 1800, ce fut Christian de Lamoignon qui me présenta à Mme Récamier ; elle demeurait dans son élégante maison de la rue du Mont-Blanc. Au sortir de mes bois et de l'obscurité de ma vie, j'étais encore tout sauvage ; j'osai à peine lever les yeux sur une femme entourée d'adorateurs, placée si loin de moi par sa renommée et sa beauté.

Environ un mois après, j'étais un matin chez Mme de Staël ; entre tout à coup Mme Récamier vêtue d'une robe blanche ; elle s'assit au milieu d'un sofa de soie bleue ; Mme de Staël, restée debout, continua sa conversation fort animée et parlait avec éloquence ; je répondais à peine, les yeux attachés sur Mme Récamier. Je me demandais si je voyais un portrait de la candeur ou de la volupté. Je n'avais jamais inventé rien de pareil et plus que jamais je fus découragé; mon amoureuse admiration se changea en humeur contre ma personne. Je crois que je priai le ciel de vieillir cet ange, de lui retirer un peu de sa divinité, pour mettre entre nous moins de distance. Quand je rêvais ma sylphide, je me donnais toutes les perfections pour lui plaire; quand je pensais à Mme Récamier, je lui ôtais des charmes pour la rapprocher de moi: il était clair que j'aimais la réalité plus que le songe. Mme Récamier sortit, et je ne la revis plus que douze ans après.

Mme de Staël m'invita à dîner chez elle, rue Neuve-des-Mathurins; j'y allai. On se mit à table. Je me trouvai assis près de Mme Récamier. Il y avait douze ans que je ne l'avais rencontrée, et encore ne l'avais-je aperçue qu'un moment. Je ne la regardais point; elle ne me regardait pas; nous n'échangions pas une parole. Lorsque vers la fin du dîner, elle m'adressa timidement quelques mots, je tournai un peu la tête, je levai les yeux. Je craindrais de profaner aujourd'hui par la bouche de mes années un sentiment qui conserve dans ma mémoire toute sa jeunesse et dont le charme s'accroît à mesure que ma vie se retire. J'écarte mes vieux jours pour découvrir derrière ces jours des apparitions célestes, pour entendre du bas de l'abîme les harmonies d'une région plus heureuse.

J'allai voir Mme Récamier rue Basse-du-Rempart et ensuite rue d'Anjou. Quand on s'est rejoint à sa destinée, on croit ne l'avoir jamais quittée : la vie, selon l'opinion de Pythagore, n'est qu'une réminiscence. Qui, dans le cours de ses jours, ne se remémore quelques petites circonstances indifférentes à tous, hors à celui qui se les rappelle ? À la maison de la rue d'Anjou il y avait un jardin ; dans ce jardin, un berceau de tilleuls entre les feuilles desquels j'apercevais un rayon de lune, lorsque j'attendais Mme Récamier : ne me semble-t-il pas que ce rayon est à moi et que si j'allais sous les mêmes abris, je le retrouverais ?

Éprouvée par la fortune, Mme Récamier se retira à l'Abbaye-aux-Bois. Un corridor noir séparait deux petites pièces ; je prétendais que ce vestibule était éclairé d'un jour doux. La chambre à coucher était ornée d'une bibliothèque, d'une harpe, d'un piano, du portrait de Mme de Staël et d'une vue de Coppet[1] au clair de lune. Sur les fenêtres étaient des pots de fleurs.

Quand tout essoufflé, après avoir grimpé quatre étages, j'entrais dans la cellule aux approches du soir, j'étais ravi. La plongée des fenêtres était sur le jardin de l'Abbaye, dans la corbeille verdoyante duquel tournoyaient des religieuses et couraient des pensionnaires. La cime d'un acacia arrivait à la hauteur de l'œil. Des clochers pointus coupaient le ciel et l'on apercevait à l'horizon les collines de Sèvres. Le soleil couchant dorait le tableau et entrait par

1. La résidence de Mme de Staël, sur le lac de Genève, après son bannissement par Napoléon.

les fenêtres ouvertes. Mme Récamier était à son piano ; l'Angélus tintait ; les sons de la cloche, qui semblait pleurer le jour qui se mourait, se mêlaient aux derniers accents de l'invocation à la nuit du *Roméo et Juliette* de Steibelt[1]. Quelques oiseaux se venaient coucher dans les jalousies relevées de la fenêtre. Je rejoignais au loin le silence et la solitude, par-dessus le tumulte et le bruit d'une grande cité.

Dieu, en me donnant ces heures de paix, me dédommageait de mes heures de trouble ; j'entrevoyais le prochain repos que croit ma foi, que mon espérance appelle. Agité au-dehors par les occupations politiques ou dégoûté par l'ingratitude des cours, la placidité du cœur m'attendait au fond de cette retraite, comme le frais des bois au sortir d'une plaine brûlante. Je retrouvais le calme auprès d'une femme de qui la sérénité s'étendait autour d'elle, sans que cette sérénité eût rien de trop égal, car elle passait au travers d'affections profondes.

En approchant de ma fin, il me semble que tout ce que j'ai aimé, je l'ai aimé dans Mme Récamier, et qu'elle était la source cachée de mes affections. Mes souvenirs de divers âges, ceux de mes songes, comme ceux de mes réalités, se sont pétris, mêlés, confondus pour faire un composé de charmes et de douces souffrances, dont elle est devenue la forme visible. Elle règle mes sentiments, de même que

1. Compositeur et pianiste allemand (1765-1823).

l'autorité du ciel a mis le bonheur, l'ordre et la paix dans mes devoirs.

Je l'ai suivie, la voyageuse, par le sentier qu'elle a foulé à peine ; je la devancerai bientôt dans une autre patrie. En se promenant au milieu de ces *Mémoires*, dans les détours de la Basilique que je me hâte d'achever, elle pourra rencontrer la chapelle qu'ici je lui dédie ; il lui plaira peut-être de s'y reposer : j'y ai placé son image.

Ambassade de Rome. – Retour de Rome à Paris. – Les Pyrénées. – Entrevue avec M. de Polignac. – Je donne ma démission de mon ambassade de Rome. – Ordonnances du 25 juillet

Ce que je viens d'écrire en 1839 de Mme Récamier rejoint le livre de mon ambassade à Rome, écrit en 1828 et 1829, il y a dix ans.

Les premiers moments de mon séjour à Rome furent employés à des visites officielles. Sa Sainteté me reçut en audience privée. Léon XII, prince d'une grande taille et d'un air à la fois serein et triste, est vêtu d'une simple soutane blanche ; il n'a aucun faste et se tient dans un cabinet pauvre, presque sans meubles. Il ne mange presque pas ; il vit, avec son chat, d'un peu de polenta. Il se sait très malade et se voit dépérir avec une résignation qui tient de la joie chrétienne. Sa Sainteté ne se donne pas le temps de s'habiller, de peur de me faire attendre ; elle se lève, vient au-devant de moi, ne me permet jamais de mettre un genou en terre pour baiser le bas de sa robe, et me conduit par la main jusqu'au siège placé à droite de son indigent fauteuil. Assis, nous causons.

J'avais donné des bals et des soirées à Londres et à Paris, et, bien qu'enfant d'un autre désert, je n'avais pas trop mal traversé ces nouvelles solitudes; mais je ne m'étais pas douté de ce que pouvaient être des fêtes à Rome: elles ont quelque chose de la poésie antique qui place la mort à côté des plaisirs.

Ces flots de beautés, de diamants, de fleurs et de plumes roulent au son de la musique de Rossini qui se répète et s'affaiblit d'orchestre en orchestre. Cette mélodie est-elle le soupir de la brise que j'entendais dans les savanes des Florides, le gémissement que j'ai ouï dans le temple d'Érechthée à Athènes? Est-ce la plainte lointaine des aquilons qui me berçaient sur l'Océan? Ma sylphide serait-elle cachée sous la forme de quelques-unes de ces brillantes Italiennes? Non: ma dryade est restée unie au saule des prairies où je causais avec elle de l'autre côté de la futaie de Combourg.

Il y a dans cette féerie une sorte d'enivrement qui me monte à la tête: je ne m'en débarrasse qu'en allant rafraîchir mon front à la place solitaire de Saint-Pierre ou au Colysée désert. Alors les petits spectacles de la terre s'abîment, et je ne trouve d'égal au brusque changement de la scène que les anciennes tristesses de mes premiers jours.

Je vais bientôt quitter Rome, et j'espère y revenir. Je l'aime passionnément, cette Rome si triste et si belle. En attendant mon départ et mon retour, je ne cesse d'errer dans la campagne; il n'y a pas de petit chemin entre deux haies que je ne connaisse mieux que les sentiers de Combourg.

Au-delà du pont Lamentano, des pâturages jaunis s'étendent à gauche jusqu'au Tibre ; la rivière qui baignait les jardins d'Horace y coule inconnue. En suivant la grande route, vous trouvez le pavé de l'ancienne voie Tiburtine. J'y ai vu cette année arriver la première hirondelle.

J'achève souvent le tour des murs de Rome à pied ; en parcourant ce chemin de ronde, je lis l'histoire de la reine de l'univers païen et chrétien écrite dans les constructions, les architectures et les âges divers de ces murs. Je vais encore à la découverte de quelque villa délabrée en dedans des murs de Rome. Je visite Sainte-Marie-Majeure, Saint-Jean-de-Latran avec son obélisque, Sainte-Croix-de-Jérusalem avec ses fleurs ; j'y entends chanter ; je prie : j'aime à prier à genoux ; mon cœur est ainsi plus près de la poussière et du repos sans fin : je me rapproche de la tombe.

La mort semble née à Rome. Il y a dans cette ville plus de tombeaux que de morts. Je m'imagine que les décédés, quand ils se sentent trop échauffés dans leur couche de marbre, se glissent dans une autre couche de marbre restée vide comme on transporte un malade d'un lit dans un autre lit. On croirait entendre les squelettes passer durant la nuit de cercueil en cercueil.

Hier j'ai vagué au clair de la lune dans la campagne entre la porte Angélique et le mont Marius. On entendait un rossignol dans un étroit vallon balustré de cannes. Il avait quelque chose de voilé comme le sifflement du bouvreuil de nos bois ; il chantait à demi-voix; il avait l'air de vouloir charmer le sommeil des morts et non de les réveiller.

Si j'ai le bonheur de finir mes jours ici, je me suis arrangé pour avoir à Saint-Onuphre un réduit joignant la chambre où le Tasse expira. Aux moments perdus de mon ambassade, à la fenêtre de ma cellule, je continuerai mes *Mémoires*. Dans un des plus beaux sites de la terre, parmi les orangers et les chênes verts, Rome entière sous mes yeux, chaque matin, en me mettant à l'ouvrage, entre le lit de mort et la tombe du poète, j'invoquerai le génie de la gloire et du malheur.

À Mme Récamier

« Rome, 16 mai 1829.

« Cette lettre partira de Rome quelques heures après moi, et arrivera quelques heures avant moi à Paris. J'éprouve un mélange de joie et de tristesse que je ne puis vous dire. Que vais-je retrouver en France? du bruit au lieu de silence, de l'agitation au lieu de repos, de la déraison, des ambitions, des combats de place et de vanité.

« Je vais vous chercher; ambassadeur ou non, c'est à Rome que je voudrais mourir. En échange d'une petite vie, j'aurais du moins, une grande sépulture jusqu'au jour où j'irai remplir mon cénotaphe dans le sable qui m'a vu naître. Adieu; j'ai déjà fait plusieurs lieues vers vous. »

J'eus un grand plaisir à revoir mes amis : je ne rêvais qu'au bonheur de les emmener avec moi et à finir mes jours à Rome.

J'allai faire ma cour au roi à Saint-Cloud : il me demanda quand je retournais à Rome. Il était persuadé que j'avais un bon cœur et une mauvaise tête. Le fait est que j'étais précisément l'inverse de ce que Charles X pensait de moi : j'avais une tête très froide et très bonne tête, et le cœur cahin-caha pour les trois quarts et demi du genre humain.

Je trouvai le roi dans une fort mauvaise disposition à l'égard de son ministère : il le faisait attaquer par certains journaux royalistes. Plein de mes délices futures de Rome, je m'y laissai aller sans trop sonder l'avenir. Il ne me vint pas un seul instant dans l'idée que M. de Polignac pourrait être investi du pouvoir : son esprit borné, fixe et ardent, son nom fatal et impopulaire, son entêtement, ses opinions religieuses exaltées jusqu'au fanatisme, me paraissaient des causes d'une éternelle exclusion.

Mon goût ou mes déplaisances importaient peu. La Chambre commit une faute en renversant un ministère qu'elle aurait dû conserver à tout prix. Ce ministère modéré servait de garde-fou à des abîmes ; il était aisé de le jeter bas, car il ne tenait à rien et le roi lui était ennemi ; raison de plus pour ne faire aucune chicane à ces hommes, pour leur donner une majorité à l'aide de laquelle ils se fussent maintenus et auraient fait place un jour sans accident, à un ministère fort. En France, on ne sait rien attendre ; on a horreur de tout ce qui a l'apparence du pouvoir, jusqu'à ce qu'on le possède.

Ayant pris congé du roi et espérant le débarrasser pour toujours de moi, je montai en calèche. J'allais d'abord aux Pyrénées prendre les eaux de Cauterets. Ce moment est le seul de ma vie où j'ai été complètement heureux, où je ne désirais plus rien, où mon existence était remplie, où je n'apercevais jusqu'à ma dernière heure qu'une suite de jours de repos. Tout mon voyage fut une suite de rêves. Plus j'étais heureux à Cauterets, plus la mélancolie de ce qui était fini me plaisait.

Des bruits de changement de ministres étaient parvenus dans nos sapinières. Les gens bien instruits allaient jusqu'à parler du prince de Polignac, mais j'étais d'une incrédulité complète. Enfin, les journaux arrivent : je les ouvre, et mes yeux sont frappés de l'ordonnance officielle qui confirme les bruits répandus. J'avais bien éprouvé des changements de fortune depuis que j'étais au monde, mais je n'étais jamais tombé d'une pareille hauteur. Ma destinée avait encore une fois soufflé sur mes chimères, ce souffle du sort n'effaçait pas seulement mes illusions, il enlevait la monarchie. Ce coup me fit un mal affreux ; j'eus un moment de désespoir car mon parti fut pris à l'instant, je sentis que je me devais retirer. La poste m'apporta une foule de lettres ; toutes m'enjoignaient d'envoyer ma démission. Des personnes même que je connaissais à peine se crurent obligées de me prescrire la retraite.

Quelques-uns de ces fiers obligeants, qui me prêchaient l'honneur et la liberté par la poste, et qui me les prêchèrent encore bien plus haut lorsque j'arrivai à Paris, donnèrent leur démission de conseillers d'État; mais les uns étaient riches, les autres ne se démirent pas des places secondaires qu'ils possédaient et qui leur laissèrent les moyens d'exister. Je devais courir le risque d'ébranler le trône légitime, pour mériter l'éloge de quelques poltrons d'ennemis, qui n'avaient pas le courage entier de mourir de faim.

Je ne revins pas vite, afin de laisser les jours s'écouler. Je trouvai à Paris Mme de Chateaubriand toute résignée. Elle avait la tête tournée d'être ambassadrice à Rome, et certes une femme l'aurait à moins; mais, dans les grandes circonstances, ma femme n'a jamais hésité d'approuver ce qu'elle pensait propre à mettre de la consistance dans ma vie et à rehausser mon nom dans l'estime publique. Elle aime la représentation, les titres et la fortune; elle déteste la pauvreté et le ménage chétif; elle méprise ces susceptibilités, ces excès de fidélité et d'immolation qu'elle regarde comme de vraies duperies dont personne ne vous sait gré; elle n'aurait jamais crié vive le roi *quand même*; mais quand il s'agit de moi, tout change; elle accepte d'un esprit ferme mes disgrâces en les maudissant.

Le lendemain de mon retour à Paris, je me rendis chez M. de Polignac. Je trouvai le prince de Polignac dans le grand cabinet que je connaissais si bien. Il accourut au-devant de moi, me serra la main avec une effusion de cœur que j'aurais voulu croire sincère, et puis, me jetant un bras sur l'épaule, nous commençâmes à nous promener lentement d'un bout à l'autre du cabinet. Il me dit qu'il n'acceptait point ma démission ; que le roi ne l'acceptait pas, qu'il fallait que je retournasse à Rome. Toutes les fois qu'il répétait cette dernière phrase, il me crevait le cœur. Je répondis que son ministère était très impopulaire ; que la France entière était persuadée qu'il attaquerait les libertés publiques, et que moi, défenseur de ces libertés, il m'était impossible de m'embarquer avec ceux qui passaient pour en être les ennemis.

Quand les hirondelles approchent du moment de leur départ, il y en a une qui s'envole la première pour annoncer le passage prochain des autres : j'étais la première aile qui devançait le dernier vol de la Légitimité.

La grande majorité du pays voulait encore la royauté légitime, mais avec des concessions et l'affranchissement des influences de cour ; toutes les ambitions étaient éveillées et chacun espérait devenir ministre : les orages font éclore les insectes.

Ceux qui voulaient forcer Charles X à devenir monarque constitutionnel pensaient avoir raison. Ils croyaient des racines profondes à la Légitimité, ils avaient oublié la faiblesse de l'*homme* ; la *royauté* pouvait être pressée, le roi ne le pouvait pas : l'individu nous a perdus, non l'institution.

Les députés de la nouvelle Chambre étaient arrivés à Paris : sur les deux cent vingt et un, deux cent deux avaient été réélus ; l'opposition comptait deux cent soixante-dix voix ; le ministère cent quarante-cinq : la partie de la couronne était donc perdue. Le résultat naturel était la retraite du ministère : Charles X s'obstina à tout braver, et le coup d'État fut résolu.

Je partis pour Dieppe le 26 juillet, à quatre heures du matin, le jour même où parurent les ordonnances. Le 28 je lus, relus et commentai les ordonnances. Le rapport au roi servant de prolégomènes me frappait de deux manières : les observations sur les inconvénients de la presse étaient justes ; mais en même temps l'auteur de ces observations montrait une ignorance complète de l'état de la société actuelle.

La presse est un élément jadis ignoré, une force autrefois inconnue, introduite maintenant dans le monde, c'est la parole à l'état de foudre ; c'est l'électricité sociale. Pouvez-vous faire qu'elle n'existe pas ? Plus vous prétendrez la comprimer, plus l'explosion sera violente. Il faut donc vous résoudre à vivre avec elle, comme vous vivez avec la machine à vapeur. Il faut apprendre à vous en servir en la dépouillant de son danger, soit qu'elle s'affaiblisse peu à peu par un usage commun et domestique, soit que vous assimiliez graduellement vos mœurs et vos lois aux principes qui régiront désormais l'humanité.

La première ordonnance établit la suppression de la liberté de la presse. La seconde ordonnance refait la loi d'élection. Ainsi, les deux premières libertés, la liberté de la presse et la liberté électorale, étaient radicalement extirpées : elles l'étaient, non par un acte inique et cependant légal, émané d'une puissance législative corrompue, mais par des *ordonnances*, comme au temps du bon plaisir.

Arrivé à Gisors, j'appris le soulèvement de Paris. À Pontoise, on avait des nouvelles plus récentes encore, mais confuses et contradictoires. À Courbevoie, le postillon avait déjà quitté sa veste à boutons fleurdelisés. On avait tiré le matin sur une calèche qu'il conduisait à Paris par l'avenue des Champs-Élysées. En conséquence, il me dit qu'il ne me mènerait pas par cette avenue, et qu'il irait chercher, à droite de la barrière de l'Étoile, la barrière du Trocadéro. De cette barrière on découvre Paris. J'aperçus le drapeau tricolore flottant ; je jugeai qu'il ne s'agissait pas d'une émeute, mais d'une révolution. J'eus le pressentiment que mon rôle allait changer : qu'étant accouru pour défendre les libertés publiques, je serais obligé de défendre la royauté.

Révolution de Juillet. – M. le duc d'Orléans. – Journée du 7 août. – Séance à la Chambre des pairs. – Je sors du palais du Luxembourg pour n'y plus rentrer. – Fin de ma carrière politique

Dans la nuit du 28 au 29, le peuple dépava les rues de vingt pas en vingt pas, et le lendemain, au lever du jour, il y avait quatre mille barricades élevées dans Paris. Le peuple entra dans les Tuileries par le guichet du Pont-Royal. Un drapeau tricolore fut planté sur le pavillon de l'Horloge, comme au temps de Bonaparte, apparemment en mémoire de la liberté. Des meubles furent déchirés, des tableaux hachés de coups de sabre. On plaça un cadavre sur le trône vide, dans la salle du Trône : cela serait formidable si les Français aujourd'hui ne jouaient continuellement au drame.

M. le duc de Mortemart était arrivé à Saint-Cloud le mercredi 28, à dix heures du soir, pour prendre son service comme capitaine des cent-suisses : il ne put parler au roi que le lendemain. À onze heures, le 29, il fit quelques tentatives auprès de Charles X, afin de l'engager à rappeler les ordonnances ; le roi lui dit : « Je ne veux pas monter en charrette comme mon frère, je ne reculerai pas d'un pied. » Il allait reculer d'un royaume.

Le 30 au matin, ayant reçu le billet qui m'invitait à la réunion des pairs au Luxembourg, je voulus apprendre auparavant quelques nouvelles. Je descendis par la rue d'Enfer, la place Saint-Michel et la rue Dauphine. Il y avait encore un peu d'émotion autour des barricades ébréchées. Je comparais ce que je voyais au grand mouvement révolutionnaire de 1789, et cela me semblait de l'ordre et du silence : le changement des mœurs était visible.

Un autre spectacle m'attendait à quelques pas de là : une fosse était creusée devant la colonnade du Louvre ; un prêtre, en surplis et en étole, disait des prières au bord de cette fosse : on y déposait les morts. Je me découvris et fis le signe de la croix. La foule silencieuse regardait avec respect cette cérémonie, qui n'eût rien été si la religion n'y avait comparu. Tant de souvenirs et de réflexions s'offraient à moi, que je restais dans une complète immobilité. Tout à coup, je me sens pressé ; un cri part : « Vive le défenseur de la liberté de la presse ! » Mes cheveux m'avaient fait reconnaître. Aussitôt des jeunes gens me saisissent et me disent : « Où allez-vous ? nous allons vous porter. » Je ne savais que répondre ; je remerciais ; je me débattais ; je répondis au hasard : « Eh bien, au Palais-Royal ! » Aussitôt j'y suis conduit aux cris de : « Vive la Charte ! Vive la liberté de la presse ! Vive Chateaubriand ! » Nous arrivons au Palais-Royal. Il fallut me résoudre à dire enfin que j'allais à la Chambre des pairs. Un des jeunes gens qui me poussaient par derrière passa tout à coup sa tête entre mes jambes et m'enleva sur ses épaules. Nouvelles acclamations ; on criait aux spectateurs dans la rue et aux fenêtres : « Vive la Charte ! » et moi je répliquais : « Oui, messieurs, vive la Charte ! mais vive le roi ! » On ne répétait pas ce cri, mais il ne provoquait aucune colère. Et voilà comme la partie était perdue ! Tout pouvait encore s'arranger, mais il ne fallait présenter au peuple que des hommes populaires : dans les révolutions, un nom fait plus qu'une armée.

J'arrivai au milieu de mon triomphe dans la cour d'honneur du Luxembourg. Ma généreuse escorte me quitta alors après avoir poussé de nouveaux cris de *Vive la Charte !* de *Vive Chateaubriand !*

J'étais touché des sentiments de cette noble jeunesse : j'avais crié *Vive le roi !* au milieu d'elle, tout aussi en sûreté que si j'eusse été seul enfermé dans ma maison ; elle connaissait mes opinions ; elle m'amenait elle-même à la Chambre des pairs où elle savait que j'allais parler et rester fidèle à mon roi ; et pourtant c'était le 30 juillet, et nous venions de passer près de la fosse dans laquelle on ensevelissait les citoyens tués par les balles des soldats de Charles X !

Le bruit que je laissais en dehors contrastait avec le silence qui régnait dans le vestibule du palais du Luxembourg. Ma présence gêna les vingt-cinq ou trente pairs qui s'y trouvaient rassemblés : j'empêchais les douces effusions de la peur, la tendre consternation à laquelle on se livrait. On se hâta de lever la séance.

Le roi et la Cour ne se voulaient pas encore persuader qu'ils fussent en péril. Afin de prouver qu'ils méprisaient les gestes de quelques bourgeois mutinés, et qu'il n'y avait point de révolution, ils laissaient tout aller: le doigt de Dieu se voit dans tout cela.

M. le duc d'Orléans avait eu, sa vie durant, pour le trône ce penchant que toute âme bien née sent pour le pouvoir. Ce penchant se modifie selon les caractères: impétueux et aspirant, mou et rampant; imprudent, ouvert, déclaré dans ceux-ci, circonspect, caché, honteux et bas dans ceux-là: l'un, pour s'élever, peut atteindre à tous les crimes; l'autre, pour monter, peut descendre à toutes les bassesses. M. le duc d'Orléans appartenait à cette dernière classe d'ambitieux. Suivez ce prince dans sa vie, il ne dit et ne fait jamais rien de complet, et laisse toujours une porte ouverte à l'évasion.

M. le duc d'Orléans connut-il d'avance les ordonnances de juillet? Qu'en pensa-t-il? Quelles furent ses craintes et ses espérances? Conçut-il un plan? D'après le caractère de Louis-Philippe, on doit présumer qu'il ne prit aucune résolution et que sa timidité politique, se renfermant dans sa fausseté, attendit l'événement comme l'araignée attend le moucheron qui se prendra dans sa toile. Il a laissé le moment conspirer; il n'a conspiré lui-même que par ses désirs dont il est probable qu'il avait peur.

Il y avait deux partis à prendre pour M. le duc d'Orléans : le premier, et le plus honorable, était de courir à Saint-Cloud, de s'interposer entre Charles X et le peuple, afin de sauver la couronne de l'un et la liberté de l'autre ; le second consistait à se jeter dans les barricades, le drapeau tricolore au poing, et à se mettre à la tête du mouvement du monde. Philippe avait à choisir entre l'honnête homme et le grand homme : il a préféré escamoter la couronne du roi et la liberté du peuple. Un filou, pendant le trouble et les malheurs d'un incendie, dérobe subtilement les objets les plus précieux du palais brûlant sans écouter les cris d'un enfant que la flamme a surpris dans son berceau.

Le 7 d'août est un jour mémorable pour moi ; c'est celui où j'ai eu le bonheur de terminer ma carrière politique comme je l'avais commencée ; bonheur assez rare aujourd'hui pour qu'on puisse s'en réjouir. On avait apporté à la Chambre des pairs la déclaration de la Chambre des députés concernant la vacance du trône. J'allai m'asseoir à ma place dans le plus haut rang des fauteuils, en face du président. Les pairs me semblèrent à la fois affairés et abattus. Si quelques-uns portaient sur leur front l'orgueil de leur prochaine infidélité, d'autres y portaient la honte des remords qu'ils n'avaient pas le courage d'écouter. Je me disais, en regardant cette triste assemblée : Quoi ! ceux qui ont reçu les bienfaits de

Charles X dans sa prospérité vont le déserter dans son infortune ! Ceux dont la mission spéciale était de défendre le trône héréditaire, ces hommes de cour qui vivaient dans l'intimité du roi le trahiront-ils ? C'est pour eux, cependant, que Charles X s'est perdu ; c'est eux qui le poussaient aux ordonnances, ils trépignaient de joie lorsqu'elles parurent.

Je montai à la tribune. Un silence profond se fit ; les visages parurent embarrassés, chaque pair se tourna de côté sur son fauteuil, et regarda la terre.

« Inutile Cassandre, j'ai assez fatigué le trône et la patrie de mes avertissements dédaignés ; il ne me reste qu'à m'asseoir sur les débris d'un naufrage que j'ai tant de fois prédit. Je reconnais au malheur toutes les sortes de puissance, excepté celle de me délier de mes serments de fidélité. Je dois aussi rendre ma vie uniforme : après tout ce que j'ai fait, dit et écrit pour les Bourbons, je serais le dernier des misérables si je les reniais au moment où, pour la troisième et dernière fois, ils s'acheminent vers l'exil. Quelles que soient les destinées qui attendent M. le lieutenant général du royaume, je ne serai jamais son ennemi s'il fait le bonheur de ma patrie. Je ne demande à conserver que la liberté de ma conscience et le droit d'aller mourir partout où je trouverai indépendance et repos. »

Je descendis de la tribune ; je sortis de la salle, je me rendis au vestiaire, je mis bas mon habit de pair, mon épée, mon chapeau à plumet ; j'en détachai la cocarde blanche, je la baisai, je la mis dans la petite poche du côté gauche de la redingote noire que je revêtis et que je croisai sur mon cœur. Mon domestique emporta la défroque de la pairie, et j'abandonnai, en secouant la poussière de mes pieds, ce palais des trahisons, où je ne rentrerai de ma vie.

Maintenant, qu'était devenu Charles X? Il cheminait vers son exil, accompagné de ses gardes du corps, surveillé par trois commissaires, traversant la France sans exciter même la curiosité des paysans qui labouraient leurs sillons sur le bord du grand chemin.

Ici se termine ma *carrière politique*. Cette carrière devait aussi clore mes *Mémoires*, n'ayant plus qu'à résumer les expériences de ma course. Trois catastrophes ont marqué les trois parties précédentes de ma vie: j'ai vu mourir Louis XVI pendant ma carrière de voyageur et de soldat, au bout de ma carrière littéraire, Bonaparte a disparu, Charles X, en tombant, a fermé ma carrière politique.

Bien que mon rôle ait finit avec la Légitimité, tous mes vœux sont pour la France, quels que soient les pouvoirs à qui son imprévoyant caprice la fasse obéir. Quant à moi, je ne demande plus rien; je voudrais seulement ne pas trop dépasser les ruines écroulées à mes pieds. Mais les années sont comme les Alpes: à peine a-t-on franchi les premières, qu'on en voit d'autres s'élever. Hélas! ces plus hautes et dernières montagnes sont déshabitées, arides et blanchies.

QUATRIÈME PARTIE

Introduction. – Avant mon départ de Paris. – Le choléra

Infirmerie de Marie-Thérèse,
Paris, octobre 1830

Au sortir du fracas des trois journées, je suis tout étonné d'ouvrir dans un calme profond la quatrième partie de cet ouvrage ; il me semble que j'ai doublé le cap des tempêtes, et pénétré dans une région de paix et de silence. Si j'étais mort le 7 août de cette année, les dernières paroles de mon discours à la Chambre des pairs eussent été les dernières lignes de mon histoire. Mon drame eût magnifiquement fini. Mais je ne suis pas demeuré sous le coup, je n'ai pas été jeté à terre.

Quand je quittai la carrière de soldat et de voyageur, je sentis de la tristesse, j'éprouve maintenant de la joie, forçat libéré que je suis des galères du monde et de la Cour. Fidèle à mes principes et à mes serments, je n'ai trahi ni la liberté ni le roi ; je n'emporte ni richesses ni honneurs ; je m'en vais pauvre comme je suis venu. Heureux de terminer une carrière politique qui m'était odieuse, je rentre avec amour dans le repos.

Bénie soyez-vous, ô ma native et chère indépendance, âme de ma vie ! Venez, rapportez-moi mes

Mémoires, cet *alter ego* dont vous êtes la confidente, l'idole et la muse. Les heures de loisir sont propres aux récits : naufragé, je continuerai de raconter mon naufrage aux pêcheurs de la rive. Retourné à mes instincts primitifs, je redeviens libre et voyageur, j'achève ma course comme je la commençai. Le cercle de mes jours, qui se ferme me ramène au point du départ. Sur la route, que j'ai jadis parcourue conscrit insouciant, je vais cheminer vétéran expérimenté. Qui sait ? peut-être retrouverai-je d'étape en étape les rêveries de ma jeunesse ? J'appellerai beaucoup de songes à mon secours, pour me défendre contre cette horde de vérités qui s'engendrent dans les vieux jours, comme des dragons se cachent dans des ruines. Il ne tiendra qu'à moi de renouer les deux bouts de mon existence, de confondre des époques éloignées, de mêler des illusions d'âges divers.

Paris, mai 1831.

Avant mon départ de Paris.

La résolution que je conçus au moment de la catastrophe de juillet n'a point été abandonnée par moi. Je me suis occupé des moyens de vivre en terre étrangère, moyens difficiles, puisque je n'ai rien. Quoi qu'il en soit, je vais me rendre à Genève. Je laisse ma procuration pour vendre la maison où j'écris cette page. Si je trouve marchand à mon lit, je pourrai trouver un autre lit hors de

France. Dans ces incertitudes et ces mouvements, jusqu'à ce que je sois établi quelque part, il me sera impossible de reprendre la suite de mes *Mémoires* à l'endroit où je les ai interrompus. Je continuerai donc d'écrire les choses du moment actuel de ma vie, je ferai connaître ces choses par les lettres qu'il m'arrivera d'écrire sur les chemins ou pendant mes divers séjours ; je lierai les faits intermédiaires par un journal qui remplira les temps laissés entre les dates de ces lettres.

Aux Paquis, près Genève, 15 septembre 1831.

Oh ! argent que j'ai tant méprisé et que je ne puis aimer quoi que je fasse, je suis forcé d'avouer que tu as pourtant ton mérite : source de la liberté, tu arranges mille choses dans notre existence, où tout est difficile sans toi. Excepté la gloire, que ne peux-tu pas procurer ? Avec toi on est beau, jeune, adoré ; on a considération, honneurs, qualités, vertus.

Vous me direz qu'avec de l'argent on n'a que l'apparence de tout cela : qu'importe, si je crois vrai ce qui est faux ? trompez-moi bien et je vous tiens quitte du reste : la vie est-elle autre chose qu'un mensonge ? Quand on n'a point d'argent, on est dans la dépendance de toutes choses et de tout le monde. Deux créatures qui ne se conviennent pas pourraient aller chacune de son côté ; eh bien ! faute de quelques pistoles, il faut qu'elles restent là en face l'une de l'autre à se bouder, à se maugréer, à s'aigrir l'humeur, à s'avaler la langue d'ennui, à se manger l'âme et le blanc des yeux, à se faire, en enrageant, le sacrifice mutuel de leurs goûts, de leurs penchants, de leurs façons naturelles de vivre : la misère les serre l'une contre l'autre, et, dans ces liens de gueux, au lieu de s'embrasser, elles se mordent. Sans argent, nul moyen de fuite, on ne peut aller chercher un autre soleil, et, avec une âme fière, on porte incessamment des chaînes. J'aurais bien un moyen d'exister : je pourrais m'adresser aux monarques ; comme j'ai tout perdu pour leur couronne, il serait assez juste qu'ils me nourrissent. Mais cette idée qui devrait leur venir ne leur vient pas, et à moi elle vient encore moins. Plutôt que de m'asseoir aux banquets des rois, j'aimerais mieux recommencer la diète que je fis autrefois à Londres avec mon pauvre ami Hingant. Toutefois l'heureux temps des greniers est passé, non que je m'y trouvasse fort bien, mais j'y manquerais d'aise, j'y tiendrais trop de place avec les falbalas de ma renommée ; je n'y serais plus avec ma seule chemise et la taille fine d'un inconnu qui n'a pas dîné.

Paris, rue d'Enfer, fin de novembre 1831.

De retour à Paris le 11 octobre, je publiai ma brochure vers la fin du même mois ; elle a pour titre : *De la nouvelle proposition relative au bannissement de Charles X et de sa famille.* Quand ces mémoires posthumes paraîtront, la polémique quotidienne, les événements pour lesquels on se passionne à l'heure actuelle de ma vie, les adversaires que je combats, même l'acte du bannissement de Charles X et de sa famille, compteront-ils pour quelque chose ? c'est là l'inconvénient de tout journal : on y trouve des discussions animées sur des sujets devenus indifférents ; le lecteur voit passer comme des ombres une foule de personnages dont il ne retient pas même le nom : figurants muets qui remplissent le fond de la scène. Toutefois c'est dans ces parties arides des chroniques que l'on recueille les observations et les faits de l'histoire de l'homme et des hommes.

Paris, rue d'Enfer, mai 1832[1].

Le choléra, sorti du delta du Gange en 1817, s'est propagé dans un espace de deux mille deux cents lieues, du nord au sud, et de trois mille cinq cents de l'orient à l'occident ; il a désolé quatorze cents villes, moissonné quarante millions d'individus. On a une carte de la marche de ce conquérant. Il a mis quinze années à venir de l'Inde à Paris : c'est aller aussi vite que Bonaparte : celui-ci employa à peu près le même nombre d'années à passer de Cadix à Moscou, et il n'a fait périr que deux ou trois millions d'hommes.

1. Chateaubriand écrit cette page pendant l'épidémie de choléra qui frappa Paris de mars à septembre 1832.

Le choléra nous est arrivé dans un siècle de philanthropie, d'incrédulité, de journaux, d'administration matérielle. Ce fléau sans imagination n'a rencontré ni vieux cloîtres, ni religieux, ni caveaux, ni tombes gothiques ; comme la Terreur en 1793, il s'est promené d'un air moqueur à la clarté du jour, dans un monde tout neuf, accompagné de son bulletin, qui racontait les remèdes qu'on avait employés contre lui, le nombre des victimes qu'il avait faites, où il en était, l'espoir qu'on avait de le voir encore finir, les précautions qu'on devait prendre pour se mettre à l'abri, ce qu'il fallait manger, comment il était bon de se vêtir. Et chacun continuait de vaquer à ses affaires, et les salles de spectacle étaient pleines. J'ai vu des ivrognes à la barrière, assis devant la porte du cabaret, buvant sur une petite table de bois et disant en élevant leur verre : « À ta santé, Morbus ! » Morbus, par reconnaissance, accourait, et ils tombaient morts sous la table. Dans la rue de Sèvres, complètement dévastée, surtout d'un côté, les corbillards allaient et venaient de porte en porte ; ils ne pouvaient suffire aux demandes, on leur criait par les fenêtres : « Corbillard, ici ! » Le cocher répondait qu'il était chargé et ne pouvait servir tout le monde.

Une nuit je me sentis attaqué : je fus saisi d'un frisson avec des crampes dans les jambes ; je ne voulus pas sonner de peur d'effrayer Mme de Chateaubriand. Je me levai ; je chargeai mon lit de tout ce que je rencontrai dans ma chambre, et, me remettant sous mes couvertures, une sueur abondante me tira d'affaire. Mais je demeurai brisé.

Si tous les hommes, atteints d'une contagion générale, venaient à mourir, qu'arriverait-il ? Rien : la terre, dépeuplée, continuerait sa route solitaire, sans avoir besoin d'autre astronome pour compter ses pas que celui qui les a mesurés de toute éternité ; sur sa surface, nos petits travaux, nos villes, nos monuments seraient remplacés par des forêts rendues à la souveraineté des lions ; aucun vide ne se manifesterait dans l'univers. Et cependant il y aurait de moins cette intelligence humaine qui sait les astres et s'élève jusqu'à la connaissance de leur auteur. Qu'êtes-vous donc, ô immensité des œuvres de Dieu, où le génie de l'homme, qui équivaut à la nature entière, s'il venait à disparaître, ne ferait pas plus faute que le moindre atome retranché de la Création !

Les douze mille francs de Mme la duchesse de Berry. – Mme la duchesse de Berry descend en Provence et arrive dans la Vendée. – Mon arrestation. – Je suis mis en liberté. – Départ de Paris

Paris, rue d'Enfer, mai 1832.

Mme de Berry a son petit conseil à Paris, comme Charles X a le sien: on recueillait en son nom de chétives sommes pour secourir les plus pauvres royalistes. Je proposai de distribuer aux cholériques une somme de douze mille francs de la part de la mère de Henri V. Le 14 d'avril j'envoyai au préfet de la Seine la somme entière pour être distribuée à la classe indigente de la population de Paris atteinte de la contagion. Trois jours s'écoulèrent; M. de Bondy me répondit enfin qu'il ne pouvait accepter les douze mille francs, parce que l'on verrait, sous une bienfaisance apparente, *une combinaison politique contre laquelle la population parisienne protesterait tout entière par son refus.*

Je fus aussitôt assiégé d'une armée d'indigents: bureaux de bienfaisance et de charité, ouvriers de toutes les espèces, femmes et enfants. Polonais et Italiens exilés, littérateurs, artistes, militaires, tous écrivirent, tous réclamèrent une part de bienfait. Si j'avais eu un million, il eût été distribué en quelques heures. M. de Bondy avait tort de dire que *la population parisienne tout entière protesterait par son refus*; la population de Paris prendra toujours l'argent de tout le monde. L'effarade du gouvernement était à mourir de rire; on eût dit que ce perfide argent légitimiste allait soulever les cholériques, exciter dans les hôpitaux une insurrection d'agonisants pour marcher à l'assaut des Tuileries, cercueil battant, glas tintant, suaire déployé sous le commandement de la Mort. Ainsi, Mme la duchesse de Berry aura fait l'aumône à ceux qui l'ont chassée. Les transactions montrent à nu le fond des choses. Croyez donc à quelque réalité dans un pays où personne ne prend soin des invalides de son parti, où les héros de la veille sont les délaissés du lendemain, où un peu d'or fait accourir la multitude, comme les pigeons d'une ferme s'empressent sous la main qui leur jette le grain.

Mme la duchesse de Berry n'a pas eu plutôt sanctionné la mesure des douze mille francs qu'elle s'est embarquée pour sa fameuse aventure. Le soulèvement de Marseille a manqué; il ne restait plus qu'à tenter l'Ouest. Instruits de tout cela à Paris, il nous était facile de prévoir le résultat[1].

1. La duchesse de Berry avait suivi Charles X en exil. De retour en France, elle tenta de soulever la Provence, puis la Vendée contre Louis-Philippe, qui pourchassait les carlistes. Chateaubriand est alors soupçonné de faire partie du complot.

Paris, rue d'Enfer, fin juillet 1832.

Le 20 juin, à quatre heures du matin, Baptiste entre dans ma chambre s'approche de mon lit et me dit : « Monsieur, la cour est pleine d'hommes qui se sont placés à toutes les portes, et voilà trois *messieurs* qui veulent vous parler. » Comme il achevait ces mots, les *messieurs* entrent, et le chef s'approchant très poliment de mon lit, me déclare qu'il a ordre de m'arrêter et de me mener à la préfecture de police. Il m'exhiba la signification suivante :

« *De par le roi ;*

« *Nous, conseiller d'État, préfet de police,*

« *Vu les renseignements à nous parvenus ;*

« *Requérons le commissaire de police de se transporter chez M. le vicomte de Chateaubriand, prévenu de complot contre la sûreté de l'État, à l'effet d'y rechercher et saisir tous papiers, correspondances, écrits, contenant des provocations à des crimes et délits contre la paix publique ou susceptibles d'examen, ainsi que tous objets séditieux ou armes dont il serait détenteur.* »

Tandis que je lisais la déclaration du grand *complot contre la sûreté de l'État*, dont j'étais prévenu, le capitaine des mouchards dit à ses subordonnés : « Messieurs, faites votre devoir ! » Le devoir de ces messieurs était d'ouvrir toutes les armoires, de fouiller toutes les poches, de se saisir de tous papiers, lettres et documents, de lire iceux, si faire se pouvait, et de découvrir toutes armes comme il appert aux termes du susdit mandat. Après lecture prise de la pièce, m'adressant au respectable chef de ces voleurs d'hommes et de libertés: «Vous savez, monsieur, que je ne reconnais point votre gouvernement, que je proteste contre la violence que vous me faites; mais comme je ne suis pas le plus fort et que je n'ai nulle envie de me colleter avec vous, je vais me lever et vous suivre.»

Nous arrivâmes sans encombre dans la cour de la préfecture de police. Précédé du geôlier qui tenait les clefs et de ses deux garçons qui me suivaient pour m'empêcher de rebrousser chemin, j'arrivai par un étroit escalier au deuxième étage. Un petit corridor noir me conduisit à une porte; le guichetier l'ouvrit: j'entrai après lui dans ma case. Il me demanda si je n'avais besoin de rien: je lui répondis que je déjeunerais dans une heure. Je priai mon gardien de me faire apporter du thé et, s'il le pouvait, de l'eau chaude et froide et des serviettes. Je lui donnai vingt francs d'avance: il se retira respectueusement en me promettant de revenir.

Resté seul, je fis l'inspection de mon bouge: il était un peu plus long que large, et sa hauteur pouvait être de sept à huit pieds. Les cloisons, tachées et nues, étaient barbouillées de la prose et des vers de mes devanciers, et surtout du griffonnage d'une femme qui disait force injures au juste-milieu. Un grabat à draps sales occupait la moitié de ma loge; une planche, supportée par deux tasseaux, placée contre le mur, à deux pieds au-dessus du grabat, servait d'armoire au linge, aux bottes et aux souliers des détenus.

Mon fidèle gardien m'apporta les serviettes et les cruches d'eau que je lui avais demandées ; je le suppliai d'ôter du lit les draps sales, la couverture de laine jaunie, d'enlever le seau qui me suffoquait et de balayer mon bouge après l'avoir arrosé. Toutes les œuvres du juste-milieu étant emportées, je me fis la barbe ; je m'inondai des flots de ma cruche, je changeai de linge : Mme de Chateaubriand m'avait envoyé un petit paquet ; je rangeai sur la planche au-dessus du lit toutes mes affaires comme dans la cabine d'un vaisseau. Quand cela fut fait, mon déjeuner arriva et je pris mon thé sur ma table *bien lavée* et que je recouvris d'une serviette blanche. On vint bientôt chercher les ustensiles de mon festin matinal et on me laissa seul dûment enfermé. À six heures on m'apporta mon dîner.

Je commençais à me déshabiller ; un bruit de voix se fit entendre, ma porte s'ouvre, et M. le préfet de police se présente. Il me fit mille excuses de la prolongation de ma détention au dépôt ; il m'apprit que dans l'encombrement de la préfecture on ne savait où placer les personnes que la justice croyait devoir interpeller. « Mais, ajouta-t-il, vous allez venir chez moi, monsieur le vicomte, et vous choisirez dans mon appartement ce qui vous conviendra le mieux. » Je le remerciai et je le priai de me laisser dans mon trou ; j'en étais déjà tout charmé, comme un moine de sa cellule. M. le préfet se refusa à mes instances, et il me fallut dénicher. J'acceptai une petite pièce écartée qui donnait sur le jardin et qui, je crois, servait de cabinet de toilette. Mme de Chateaubriand obtint la permission de me voir. Ma pauvre femme eut une violente attaque de nerfs en entrant à la préfecture, et ce fut une obligation de plus que j'eus au juste-milieu. Le second jour de ma détention, le juge d'instruction, le sieur Desmortiers, m'arriva accompagné de son greffier. Il me lut d'une voix bénigne les petites accusations qui, dûment prouvées, m'auraient tendrement fait couper le cou: après quoi, il passa aux interrogations. Je déclarai que, ne reconnaissant point l'ordre politique existant, je n'avais rien à répondre, que je ne signerais rien, que tous ces procédés judiciaires étaient superflus, qu'on pouvait s'en épargner la peine et passer outre; que je serais du reste toujours charmé d'avoir l'honneur de recevoir M. Desmortiers.

Après quinze jours, une ordonnance de non-lieu me rendit la liberté le 30 de juin, au grand bonheur de Mme de Chateaubriand, qui serait morte, je crois, si ma détention se fût prolongée.

De tous les gouvernements qui se sont élevés en France depuis quarante années, celui de Philippe est le seul qui m'ait jeté dans la loge des bandits, il a posé sur ma tête sa main, sur ma tête respectée même d'un conquérant irrité: Napoléon leva le bras et ne frappa pas. Et pourquoi cette colère? Je vais vous le dire: j'ose protester en faveur du droit contre le fait, dans un pays où j'ai demandé la liberté sous l'Empire, la gloire sous la Restauration ; dans un pays où, solitaire, je compte non par frères, sœurs, enfants, joies, plaisirs, mais par tombeaux. Les derniers changements politiques m'ont séparé du reste de mes amis : ceux-ci sont allés à la fortune et passent tout engraissés de leur déshonneur auprès de ma pauvreté ; ceux-là ont abandonné leurs foyers exposés aux insultes. Les générations si fort éprises de l'indépendance se sont vendues : je n'attends de ces générations que le dédain et je le leur rends ; elles n'ont pas de quoi me comprendre, elles ignorent la foi à la chose jurée, l'amour des institutions généreuses, le respect de ses propres opinions, le mépris du succès et de l'or, la félicité des sacrifices, le culte de la faiblesse et du malheur.

J'étais plus que jamais déterminé à reprendre mon exil ; Mme de Chateaubriand, effrayée de mon aventure, aurait déjà voulu être bien loin ; il ne fut plus question que de chercher le lieu où nous dresserions nos tentes. Beaucoup d'hommes meurent sans avoir perdu leur clocher de vue : je ne puis rencontrer le clocher qui me doit voir mourir. En quête d'un asile pour achever mes *Mémoires*, je chemine de nouveau traînant à ma suite un énorme bagage de papiers, correspondances diplomatiques, notes confidentielles, lettres de ministres et de rois ; c'est l'histoire portée en croupe par le roman.

Infirmerie de Marie-Thérèse. – Lettre de Mme la duchesse de Berry. – Conversation avec la lune. – Entrevue avec Charles X

Paris, rue d'Enfer, 9 mai 1833.

J'ai amené la série des derniers faits jusqu'à ce jour : pourrai-je enfin reprendre mon travail ? Ce travail consiste dans les diverses parties de ces *Mémoires* non encore achevées. J'aurai quelque difficulté à m'y remettre *ex abrupto*, car j'ai la tête préoccupée des choses du moment ; je ne suis pas dans les dispositions convenables pour recueillir mon passé dans le calme où il dort, tout agité qu'il fut quand il était à l'état de vie. J'ai pris la plume pour écrire ; sur qui et à propos de quoi ? je l'ignore.

En parcourant des regards le journal dans lequel depuis six mois je rends compte de ce que je fais et de ce qui m'arrive, je vois que la plupart des pages sont datées de la rue d'Enfer.

Le pavillon que j'habite près de la barrière pouvait monter à une soixantaine de mille francs ; mais, à l'époque de la hausse des terrains, je l'achetai beaucoup plus cher, et je ne l'ai pu jamais payer : il s'agissait de sauver l'*Infirmerie de Marie-Thérèse* fondée par les soins de Mme de Chateaubriand et contiguë au pavillon ; une compagnie d'entrepreneurs se proposait d'établir un café et des *montagnes russes* dans le susdit pavillon, bruit qui ne va guère avec l'agonie. Une fois ma maison achetée, ce que j'avais de mieux à faire était de l'habiter ; je l'ai arrangée telle qu'elle est. Le proverbe dit : *Il faut que jeunesse se passe.* L'arrière-saison a aussi quelque frasque à passer. La démolition d'un mur m'a mis en communication avec l'*Infirmerie de Marie-Thérèse* ; je me trouve à la fois dans un monastère, dans une ferme, un verger et un parc. Le matin à cinq heures, je m'éveille au son de l'*Angelus* ; j'entends de mon lit le chant des prêtres dans la chapelle ; des sœurs de charité en robe d'étamine noire et en cornette de basin blanc, des femmes convalescentes, de vieux ecclésiastiques vont errant parmi les lilas, les azaléas, les pompadouras et les rhododendrons du jardin, parmi les rosiers, les groseilliers, les framboisiers et les légumes du potager.

Je dois demander pardon à mes amis de l'amertume de quelques-unes de mes pensées. Je ne sais rire que des lèvres, j'ai le spleen, tristesse physique, véritable maladie ; quiconque a lu ces *Mémoires* a vu quel a été mon sort. Je n'étais pas à une nagée du sein de ma mère, que déjà les tourments m'avaient assailli. J'ai erré de naufrage en naufrage ; je sens une malédiction sur ma vie, poids trop pesant pour cette cahute de roseaux.

J'en étais là de ces pages décousues, jetées pêle-mêle sur ma table et emportées par le vent que laissent entrer mes fenêtres ouvertes, lorsqu'on m'a remis la lettre et la note suivantes de Mme la duchesse de Berry; allons, rentrons encore une fois dans la seconde partie de ma double vie, la partie positive.

« De la citadelle de Blaye, 7 mai 1833.

« Je compte sans réserve sur votre attachement pour moi et sur votre dévouement pour mon fils. Je vous charge donc, monsieur, spécialement d'aller à Prague et de dire à mes parents que je suis mariée en Italie au comte Hector Lucchesi-Palli, des princes de Campo-Franco.

« Je vous demande, ô monsieur de Chateaubriand, de porter à mes chers enfants l'expression de toute ma tendresse pour eux. Dites bien à Henri que je compte plus que jamais sur tous ses efforts pour devenir de jour en jour plus digne de l'admiration et de l'amour des Français. Mettez mes hommages aux pieds du roi et offrez mes tendres amitiés à mon frère et à ma bonne sœur. Je les prie de vous communiquer leurs intentions pour l'avenir. Renfermée dans les murs de Blaye, je trouve une consolation à avoir un interprète tel que M. le vicomte de Chateaubriand; il peut à tout jamais compter sur mon attachement.

« Marie-Caroline.

« Je désire le plus possible qu'on ignore votre départ ou que du moins l'on ne sache point que vous êtes porteur d'une lettre de moi, pour ne pas faire découvrir mon seul moyen de correspondance qui est si précieux quoique fort rare. »

Ô madame la duchesse de Berry ! Oui : je partirai pour la dernière et la plus glorieuse de mes ambassades ; j'irai négocier un nouveau pacte de famille, porter les embrassements d'une mère captive à des enfants exilés, et présenter les lettres par lesquelles le courage et le malheur m'accréditent auprès de l'innocence et de la vertu.

14 mai 1833.

Évitant la route trop battue de Francfort, je pris le chemin de Bâle avec Hyacinthe Pilorge, mon secrétaire, façonné à toutes mes fortunes, et Baptiste, valet de chambre, lorsque j'étais Monseigneur, et redevenu valet tout court à la chute de ma seigneurie.

Un petit morceau de la lune qui entreluisait me fit plaisir ; tout n'était pas perdu, puisque je trouvais une figure de connaissance. Elle avait l'air de me dire :

« Comment ! te voilà ? te souvient-il que je t'ai vu dans d'autres forêts ? te souviens-tu des tendresses que tu me disais quand tu étais jeune ? vraiment, tu ne parlais pas trop mal de moi. D'où vient maintenant ton silence ? Où vas-tu seul et si tard ? Tu ne cesses donc de recommencer ta carrière ? »

Ô lune ! vous avez raison, mais si je parlais bien de vos charmes, vous savez les services que vous me rendiez ; vous éclairiez mes pas alors que je me promenais avec mon fantôme d'amour, aujourd'hui ma tête est argentée à l'instar de votre visage, et vous vous étonnez de me trouver solitaire ! et vous me dédaignez ! J'ai pourtant passé des nuits entières enveloppé dans vos voiles ; osez-vous nier nos rendez-vous parmi les gazons et le long de la mer ? Que de fois vous avez regardé mes yeux passionnément attachés sur les vôtres ! Astre ingrat et moqueur, vous me demandez où je vais si tard : il est dur de me reprocher la continuité de mes voyages. Ah ! si je marche autant que vous, je ne rajeunis pas à votre exemple, vous qui rentrez chaque mois sous le cercle brillant de votre berceau ! Je ne compte pas des lunes nouvelles, mon décompte n'a d'autre terme que ma complète disparition, et, quand je m'éteindrai, je ne rallumerai pas mon flambeau comme vous rallumez le vôtre !

Entré à Prague, je descendis à l'*Hôtel des Bains*, dans la vieille ville bâtie sur la rive gauche de la Moldau. J'écrivis un billet à M. le duc de Blacas pour l'avertir de mon arrivée ; je reçus la réponse suivante :

« *Si vous n'êtes pas trop fatigué, monsieur le vicomte, le roi sera charmé de vous recevoir dès ce soir, à neuf heures trois quarts.* »

Un homme de l'auberge, sachant quelques mots de français, me conduisit. Je gravis des rues silencieuses, sombres, sans réverbères, jusqu'au pied de la haute colline que couronne l'immense château des rois de Bohême. L'édifice dessinait sa masse noire sur le ciel ; aucune lumière ne sortait de ses fenêtres : il y avait là quelque chose de la solitude, du site et de la grandeur du Vatican, ou du temple de Jérusalem vu de la vallée de Josaphat.

Parvenu au plateau sur lequel est bâti Hradschin, nous traversâmes un poste d'infanterie. Comme je montais le second étage, je rencontrai M. de Blacas qui descendait. J'entrai avec lui dans les appartements de Charles X ; là étaient encore deux grenadiers en faction. Cette garde étrangère, ces habits blancs à la porte du roi de France, me faisaient une impression pénible : l'idée d'une prison plutôt que d'un palais me vint. M. de Blacas me laissa pour aller avertir le roi, avec la même étiquette qu'aux Tuileries. Il revint me chercher, m'introduisit dans le cabinet de Sa Majesté, et se retira.

Charles X s'approcha de moi, me tendit la main avec cordialité en me disant : « Bonjour, monsieur de Chateaubriand, je suis charmé de vous voir. Je vous attendais. Vous n'auriez pas dû venir ce soir, car vous devez être bien fatigué. Ne restez pas debout ; asseyons-nous. Comment se porte votre femme ? »

Rien ne brise le cœur comme la simplicité des paroles dans les hautes positions de la société et les grandes catastrophes de la vie. Je me mis à pleurer comme un enfant ; j'avais peine à étouffer avec mon mouchoir le bruit de mes larmes. Toutes les choses hardies que je m'étais promis de dire, toute la vaine et impitoyable philosophie dont je comptais armer mes discours, me manqua. Moi, devenir le pédagogue du malheur! Moi oser en remontrer à mon roi, à mon roi en cheveux blancs, à mon roi proscrit, exilé, prêt à déposer sa dépouille mortelle dans la terre étrangère! Mon vieux prince me prit de nouveau par la main en voyant le trouble de cet impitoyable ennemi, de ce dur opposant des ordonnances de Juillet.

Alors j'expliquai brièvement l'objet de mon voyage: je me dis porteur d'une lettre de Mme la duchesse de Berry. Voici notre conversation: «Sire, Mme la duchesse de Berry déclare qu'elle a contracté un mariage secret avec le comte Hector Lucchesi-Palli, d'une famille illustre. Mme la duchesse de Berry demande à conserver son rang de princesse française, la régence et la tutelle. Quand elle sera libre, elle se propose de venir à Prague embrasser ses enfants et mettre ses respects aux pieds de Votre Majesté. Sire, vous ne voulez pas que Mme de Berry soit princesse de France; elle le sera malgré vous; le monde entier l'appellera toujours la duchesse de Berry, l'héroïque mère de Henri V; son intrépidité et ses souffrances dominent tout; vous ne pouvez pas vous mettre au rang de ses ennemis; vous ne pouvez pas, à l'instar du duc d'Orléans, vouloir flétrir du même coup les enfants et la mère: vous est-il donc difficile de pardonner à la gloire d'une femme? – Eh bien, monsieur l'ambassadeur, dit le roi avec une emphase bienveillante, que Mme la duchesse de Berry aille à Palerme; qu'elle y vive maritalement, avec

M. Lucchesi, à la vue de tout le monde, alors on dira aux enfants que leur mère est mariée ; elle viendra les embrasser. »

Je sentis que j'avais poussé assez loin l'affaire ; les principaux points étaient aux trois quarts obtenus : je changeai la conversation. Je voulus dire quelques mots de Louis-Philippe. « Ah ! répondit le roi. M. le duc d'Orléans… il a jugé… que voulez-vous ?… les hommes sont comme ça. » Pas un mot amer, pas un reproche, pas une plainte ne put sortir de la bouche du vieillard trois fois exilé.

J'allai le 29 mai offrir mes derniers hommages aux habitants du château. Je devais partir le 30 à cinq heures du matin…

Conclusion

25 septembre 1841.

J'ai commencé à écrire ces *Mémoires* à la Vallée-aux-Loups le 4 octobre 1811 ; j'achève de les relire en les corrigeant à Paris ce 25 septembre 1841 : voilà donc vingt-neuf ans, onze mois, vingt et un jours, que je tiens secrètement la plume en composant mes livres publics, au milieu de toutes les révolutions et de toutes les vicissitudes de mon existence. Ma main est lassée : puisse-t-elle ne pas avoir pesé sur mes idées, qui n'ont point fléchi et que je sens vives comme au départ de la course !

Pour ce qui est de la vieille Europe, elle ne revivra jamais. La jeune Europe offre-t-elle plus de chances ? Le monde actuel, le monde sans autorité consacrée, semble placé entre deux impossibilités : l'impossibilité du passé, l'impossibilité de l'avenir. On affirme que dans cette civilisation à naître l'espèce s'agrandira ; je l'ai moi-même avancé : cependant n'est-il pas à craindre que l'individu ne diminue ? Nous pourrons être de laborieuses abeilles occupées en commun de notre miel. Dans le monde matériel les hommes s'associent pour le travail, une multitude arrive plus vite et par différentes routes à la chose qu'elle cherche ; des masses d'individus élèveront les Pyramides ; en étudiant chacun de son côté, ces individus rencontreront des découvertes, dans les sciences exploreront tous les coins de la création physique. Mais dans le monde moral en est-il de la sorte ? Mille cerveaux auront beau se coaliser, ils ne composeront jamais le chef-d'œuvre qui sort de la tête d'un Homère.

La folie du moment est d'arriver à l'unité des peuples et de ne faire qu'un seul homme de l'espèce entière, soit ; mais en acquérant des facultés générales, toute une série de sentiments privés ne périra-t-elle pas ? Adieu les douceurs du foyer ; adieu les charmes de la famille ; parmi tous ces êtres blancs, jaunes, noirs, réputés vos compatriotes, vous ne pourriez vous jeter au cou d'un frère. N'y avait-il rien dans la vie d'autrefois, rien dans cet espace borné que vous aperceviez de votre fenêtre encadrée de lierre ? Au-delà de votre horizon vous soupçonniez des pays inconnus dont vous parlait à peine l'oiseau de passage, seul voyageur que vous aviez vu à l'automne. C'était bonheur de songer que les collines qui vous environnaient ne disparaîtraient pas à vos yeux ; qu'elles renfermeraient vos amitiés et vos amours ; que le gémissement de la nuit autour de votre asile serait le seul bruit auquel vous vous endormiriez ; que jamais la solitude de votre âme ne serait troublée, que vous y rencontreriez toujours les pensées qui vous y attendent pour reprendre avec vous leur entretien familier. Vous saviez où vous étiez né, vous saviez où serait votre tombe.

L'homme n'a pas besoin de voyager pour s'agrandir; il porte avec lui l'immensité. Tel accent échappé de votre sein ne se mesure pas et trouve un écho dans des milliers d'âmes: qui n'a point en soi cette mélodie, la demandera en vain à l'univers. Asseyez-vous sur le tronc de l'arbre abattu au fond des bois: si dans l'oubli profond de vous-même, dans votre immobilité, dans votre silence vous ne trouvez pas l'infini, il est inutile de vous égarer aux rivages du Gange.

Quelle serait une société universelle qui n'aurait point de pays particulier, qui ne serait ni française, ni anglaise, ni allemande, ni espagnole, ni portugaise, ni italienne? ni russe, ni tartare, ni turque, ni persane, ni indienne, ni chinoise, ni américaine, ou plutôt qui serait à la fois toutes ces sociétés? Qu'en résulterait-il pour ses mœurs, ses sciences, ses arts, sa poésie? Comment s'exprimeraient des passions ressenties à la fois à la manière des différents peuples dans les différents climats? Comment entrerait dans le langage cette confusion de besoins et d'images produits des divers soleils qui auraient éclairé une jeunesse, une virilité et une vieillesse communes? Et quel serait ce langage? De la fusion des sociétés résultera-t-il un idiome universel, ou bien y aura-t-il un dialecte de transaction servant à l'usage journalier, tandis que chaque nation parlerait sa propre langue, ou bien les langues diverses seraient-elles entendues de tous ? Sous quelle règle semblable, sous quelle loi unique existerait cette société ? Comment trouver place sur une terre agrandie par la puissance d'ubiquité, et rétrécie par les petites proportions d'un globe fouillé partout ? Il ne resterait qu'à demander à la science le moyen de changer de planète.

L'ouvrage inspiré par mes cendres et destiné à mes cendres subsistera-t-il après moi ? Il est possible que mon travail soit mauvais ; il est possible qu'en voyant le jour ces *Mémoires* s'effacent : du moins les choses que je me serai racontées auront servi à tromper l'ennui de ces dernières heures dont personne ne veut et dont on ne sait que faire. Au bout de la vie est un âge amer : rien ne plaît, parce qu'on n'est digne de rien ; bon à personne, fardeau à tous, près de son dernier gîte, on n'a qu'un pas à faire pour y atteindre : à quoi servirait de rêver sur une plage déserte ? quelles aimables ombres apercevrait-on dans l'avenir ? Fi des nuages qui volent maintenant sur ma tête !

Dans chacune de mes trois carrières je m'étais proposé un but important : voyageur, j'ai aspiré à la découverte du monde polaire ; littérateur, j'ai essayé de rétablir le culte sur ses ruines ; homme d'État, je me suis efforcé de donner aux peuples le système de la monarchie pondérée, de replacer la France à son rang en Europe, de lui rendre la force que les traités de Vienne lui avaient fait perdre ; j'ai du moins aidé à conquérir celle de nos libertés qui les vaut toutes, la liberté de la presse. Dans l'ordre divin, religion et liberté ; dans l'ordre humain honneur et gloire (qui sont la génération humaine de la religion et de la liberté) : voilà ce que j'ai désiré pour ma patrie.

Des auteurs français de ma date, je suis quasi le seul qui ressemble à ses ouvrages : voyageur, soldat, publiciste, ministre, c'est dans les bois que j'ai chanté les bois, sur les vaisseaux que j'ai peint l'Océan, dans les camps que j'ai parlé des armes, dans l'exil que j'ai appris l'exil, dans les cours, dans les affaires, dans les assemblées que j'ai étudié les princes, la politique et les lois.

Je me suis rencontré entre deux siècles, comme au confluent de deux fleuves ; j'ai plongé dans leurs eaux troublées, m'éloignant à regret du vieux rivage où je suis né, nageant avec espérance vers une rive inconnue. En traçant ces derniers mots, ce 16 novembre 1841, ma fenêtre, qui donne à l'ouest sur les jardins des Missions étrangères, est ouverte : il est six heures du matin j'aperçois la lune pâle et élargie, elle s'abaisse sur la flèche des Invalides à peine révélée par le premier rayon doré de l'Orient : on dirait que l'ancien monde finit, et que le nouveau commence. Je vois les reflets d'une aurore dont je ne verrai pas se lever le soleil. Il ne me reste qu'à m'asseoir au bord de ma fosse ; après quoi je descendrai hardiment, le crucifix à la main, dans l'éternité.

Repères chronologiques

1768 Naissance, le 4 septembre, de François-René de Chateaubriand, à Saint-Malo, dans une famille de très ancienne noblesse. Son père redore le blason de la famille grâce au commerce maritime et acquiert le château de Combourg.

1777 Installation à Combourg. Chateaubriand est envoyé au collège de Dol, où il reste quatre ans, puis au collège de Rennes jusqu'en 1783, et enfin à Brest.

1784-1786 Retour à Combourg: « deux années de délire » en compagnie de sa sœur Lucile. Tentative de suicide, maladie. Il rejoint finalement le régiment de Navarre à Cambrai. Son père meurt le 6 septembre 1786.

1787 Présentation à la Cour et brève rencontre de Louis XVI. Chateaubriand retourne vivre auprès de ses sœurs, à Fougères, puis à Paris, et fréquente quelques salons littéraires.

1789 Il commence son éducation politique, en janvier, en participant aux états de Bretagne, à Rennes, puis s'installe à Paris.

20 juin : serment du Jeu de paume.

9 juillet : l'Assemblée nationale se déclare constituante.

14 juillet : prise de la Bastille. Chateaubriand voit passer sous ses fenêtres les têtes du ministre Foulon et de son gendre.

4 août : abolition des privilèges de la noblesse.

6 octobre : le roi est ramené de Versailles à Paris.

1790 Aidé par M. de Malesherbes, Chateaubriand prépare son départ pour l'Amérique.

1791 8 avril : départ de Saint-Malo pour l'Amérique.

22 juin : arrestation de Louis XVI à Varennes.

Juillet-août : Baltimore, Philadelphie, les grands lacs, les chutes de Niagara. Descente vers le sud-ouest, puis remontée vers Philadelphie où il rencontre Washington. Pendant ce périple, il écrit de nombreuses pages : descriptions et éléments de romans.

10 décembre : ayant appris l'arrestation du roi, Chateaubriand décide de regagner la France. Il arrive au Havre le 2 janvier 1792.

1792-1793 De retour à Saint-Malo, il épouse Céleste de Lavigne, espérant trouver ainsi une solution à ses problèmes financiers, mais la dot espérée s'est évanouie avec la Révolution.

20 avril : déclaration de guerre à l'Autriche.

15 juillet : Chateaubriand se décide, sans grande conviction, mais par fidélité, à émigrer et à rejoindre l'armée des Princes. Il est blessé au siège de Thionville. Malade, il gagne péniblement l'Angleterre où il débarque en mai 1793.

21 janvier 1793 : mort de Louis XVI.

1793-1799 Exil en Angleterre : il vit dans une misère extrême avant de recevoir un secours exceptionnel comme émigré et de vivre de traductions.

Juin 1793 : la Terreur.

1794 : son frère, M. de Malesherbes et sa famille sont guillotinés, sa mère et sa sœur jetées en prison.

27 juillet 1794 (9 thermidor) : chute de Robespierre.

1796 : Chateaubriand se laisse aimer par Charlotte Ives, puis refuse le mariage qui lui est proposé. Il rédige l'*Essai historique sur les révolutions* qui paraît en mars 1797 et dont le succès l'intègre dans les milieux de l'émigration.

31 mai 1798 : la mort de sa mère entraîne chez lui une véritable conversion : il décide d'écrire le *Génie du christianisme* et y rattache deux épisodes d'un roman inspiré de ses aventures américaines, *René* et *Atala*.

9 novembre 1799 : coup d'État du 18 brumaire de Bonaparte contre le Directoire. Consulat.

1792 Retour de Chateaubriand en France.

1801 Parution d'*Atala*. Liaison avec Pauline de Beaumont.

1802 Parution du *Génie du christianisme*, quelques jours avant la loi décrétant le Concordat (accord entre Pie VII et Bonaparte mettant fin aux dissensions religieuses nées de la Révolution).

1803 Chateaubriand est présenté à Bonaparte. Il est nommé secrétaire de légation à Rome. Début de sa liaison avec Delphine de Custine. Pauline de Beaumont le rejoint à Rome, où elle meurt le 4 novembre. Première idée d'écrire ses *Mémoires*. Dissensions avec l'ambassadeur : Chateaubriand regagne Paris au début de 1804.

1804 *21 mars : exécution du duc d'Enghien sur ordre de Bonaparte qui craint un complot royaliste.* Chateaubriand donne sa démission.

18 mai : proclamation de l'Empire.

10 novembre : mort de sa sœur Lucile.

2 décembre : sacre de Napoléon.

1805 Chateaubriand est en Suisse : à Coppet, il rend visite à Mme de Staël.

1806 Départ pour l'Orient : Grèce, Turquie, Palestine, Égypte, Tunisie.

1807 Achat de la Vallée-aux-Loups, à Châtenay-Malabry. Chateaubriand publie dans le *Mercure* un réquisitoire contre le despotisme de Napoléon.

1809 *Les Martyrs.*

1811 Élection à l'Académie française : son discours fait l'éloge de la liberté en politique et suscite les foudres de Napoléon. Publication de l'*Itinéraire de Paris à Jérusalem.* Début de la rédaction des *Mémoires de ma vie.*

1814 *De Bonaparte et des Bourbons* paraît en même temps que la *proclamation par le Sénat de la déchéance de Napoléon.*

31 mars : entrée des alliés à Paris.

6 avril : abdication de Napoléon.

3 mai : entrée de Louis XVIII à Paris.

4 juin : octroi de la Charte.

26 septembre : ouverture du congrès de Vienne.

1815 *20 mars-22 juin : les Cent-Jours : le 1er mars, Napoléon débarque à Golfe-Juan ; le 19, Louis XVIII fuit à Gand.* Il appelle à lui Chateaubriand et le nomme ministre de l'Intérieur par intérim.

18 juin : bataille de Waterloo.

22 juin : seconde abdication de Napoléon.

8 juillet : retour du roi à Paris, entouré de Talleyrand et de Fouché. « La Chambre introuvable ».

17 août : Chateaubriand est nommé à la Chambre des pairs.

1816 *La Monarchie selon la Charte* est saisie par la police : Chateaubriand y prenait position en faveur d'une véritable monarchie constitutionnelle. Rayé de la liste des ministres d'État, il doit vendre la Vallée-aux-Loups.

1817 Il retrouve Mme Récamier, rencontrée une première fois en 1801.

1818-1823 Il poursuit son action politique à travers ses articles dans *Le Conservateur*. En 1819, Mme de Chateaubriand fonde l'Infirmerie de Marie-Thérèse.

13 février 1820 : assassinat du duc de Berry.

L'hommage que Chateaubriand rend au duc de Berry lui vaut une ambassade à Berlin (janvier-avril 1821), puis à Londres (avril-septembre 1822). Il représente la France au congrès de Vérone, puis est nommé ministre des Affaires étrangères. Il engage la guerre d'Espagne afin de rétablir Ferdinand VII sur le trône. Liaison avec Cordélia de Castellane.

1824 Un différend avec le Premier ministre Villèle conduit à sa révocation le 6 juin. Chateaubriand entre alors dans l'opposition, en particulier par de nombreux articles dans lesquels il plaide pour la liberté de la presse.

16 septembre : mort de Louis XVIII, avènement de Charles X.

Chateaubriand écrit en faveur de Charles X la brochure *Le Roi est mort, vive le Roi !*, mais poursuit sa polémique contre le gouvernement.

1828 La chute du ministère Villèle permet à Chateaubriand d'obtenir l'ambassade de Rome. Liaison avec Hortense Allart.

1829 La formation du ministère Polignac (ultraroyaliste) le conduit à démissionner à regret de cette ambassade.

1830 *Les ordonnances réactionnaires, en particulier contre la liberté de la presse, provoquent la révolution de Juillet et l'exil de Charles X.*

7 août : discours devant la Chambre des pairs, où Chateaubriand renonce à toutes ses fonctions politiques, par fidélité aux Bourbons : il se détermine pour une régence en faveur de l'héritier légitime de la couronne, le futur Henri V, fils de la duchesse de Berry, et refuse de prêter serment à Louis-Philippe d'Orléans, qu'il considère comme un usurpateur.

1831 Il reprend l'écriture des *Mémoires*.

1832 16-30 juin : accusé de complot contre la sûreté de l'État, il est emprisonné pour avoir défendu la duchesse de Berry qui a tenté de soulever la Vendée. Il écrit le *Mémoire sur la captivité de Mme la duchesse de Berry*, resté célèbre pour sa formule de ralliement : « Madame, votre fils est mon roi ! » Un procès s'ensuit : Chateaubriand est acquitté. Arrêtée le 12 novembre, la duchesse de Berry l'appelle secrètement à son secours pour qu'il plaide sa cause auprès de Charles X, en exil à Prague.

1833 Mission de Chateaubriand, à deux reprises, à Prague ; la seconde est précédée d'un séjour à Venise et à Ferrare où il rencontre brièvement la duchesse.

1834-1841 Il se consacre entièrement à la rédaction de ses *Mémoires*.

1844 Il écrit *La Vie de Rancé*, une pénitence imposée par son directeur de conscience.

1847 Le 8 février, mort de Céleste, son épouse.

1848 *février: insurrection parisienne qui conduit à la chute de la monarchie et à l'avènement de la Seconde République.*

Juin : insurrection populaire contre la fermeture des Ateliers nationaux.

4 juillet : mort de Chateaubriand. Il est inhumé, conformément à ses vœux, sur le rocher du Grand-Bé, à Saint-Malo, le 18 juillet.

Octobre 1848-juillet 1850 Les *Mémoires d'outre-tombe* paraissent en feuilleton dans le journal *La Presse*, puis en volumes de janvier 1849 à octobre 1850.

TABLE